DARÍO LÓPEZ R.

DISCÍPULAS DE JESÚS

De invisibilizadas a protagonistas

Ediciones puma

Discípulas de Jesús
De invisibilizadas a protagonistas
© 2023 Darío López Rodríguez

© 2023 Centro de Investigaciones y Publicaciones (CENIP) – Ediciones Puma
Hecho el Depósito Legal en la Biblioteca Nacional del Perú N° 2023-02331
Primera edición impresa, marzo 2023

Categoría: Religión - Estudios bíblicos - Nuevo Testamento

ISBN N° 978-612-5026-27-9 | Edición impresa
ISBN N° 978-612-5026-28-6 | Edición digital

Editado por:
© 2023 Centro de Investigaciones y Publicaciones (CENIP) – Ediciones Puma
Av. 28 de Julio 314, Int. G, Jesús María, Lima
Apartado postal: 11-168, Lima - Perú
Telf.:   (511) 423–2772
E-mail: administracion@edicionespuma.org
            ventas@edicionespuma.org
Web: www.edicionespuma.org
Ediciones Puma es un programa del Centro de Investigaciones y Publicaciones (CENIP)

Edición: Alejandro Pimentel
Diagramación: Hansel J. Huaynate Ventocilla

Salvo cuando se indique expresamente otra versión, las citas bíblicas corresponden a la versión Reina-Valera 1960 (RV60).

ISBN N° 978-612-5026-27-9

Discípulas de Jesús
De invisibilizadas a protagonistas

A las mujeres pentecostales de la Patria Grande, herederas de las discípulas galileas respondonas, primicias del reino de vida.

A Ida, ayacuchana combativa que, como parte del pueblo de a pie, ama y sirve al Dios de la vida siguiendo el ejemplo de las discípulas galileas.

Contenido

Mujer del sur

Amiga:

Las historias comunes se tejen en el encuentro con la vida. Comienzan cuando nos despojamos de todo lo que nos ata a la antivida. Se tejen cuando se tiene el coraje de no esconderse en los silencios que asesinan la conciencia y mutilan las palabras.

Tú tienes la fuerza insobornable de los que aman la vida. Te acompaña la imaginación profética de los que construyen surcos de justicia. La voz incansable de los que militan en la vereda de la libertad plena. Una mirada firme que denuncia las violencias visibles y ocultas del patriarcalismo social, cultural y religioso que cosifica a las mujeres.

Te acompaña una sonrisa sincera como la de los pobres de la tierra, una sonrisa que invita a un compromiso con la vida y la justicia del reino.

Sigues así el ejemplo del Carpintero galileo que jalona tu peregrinaje, acompañada de otros militantes, mientras siembras vida, alegría y esperanza para todos.

Prólogo

Este libro de Darío López es una preciosa carta de amor y agradecimiento dirigida a las mujeres pentecostales andinas en su camino de seguimiento a Jesús. A quienes, guiadas por la fuerza del Espíritu, echan luz en el papel protagónico de las mujeres galileas que acompañaron a Cristo y también en el de aquellas que fueron parte de la iglesia primitiva. Se trata de la presentación de una realidad que salta a la vista de los que tienen ojos para ver y oídos para oír las buenas nuevas en su sentido más integral.

Las mujeres del Nuevo Testamento del título —discípulas y colaboradoras de Jesús, beneficiarias de su evangelio— nos ayudan a dar cuenta de las mujeres que hoy experimentan el camino liberador de Cristo. La gran contribución de este libro es precisamente acompañarnos y guiarnos con un paso certero y alegre por la espiral hermenéutica entre ese entonces y el ahora, entre el Nuevo Testamento y nuestra realidad cotidiana, entre las discípulas de la Biblia y las discípulas latinoamericanas de la actualidad.

Por muchos motivos que se relacionan más con el poder y la conveniencia de unos pocos que con el mensaje transformador del Galileo, el protagonismo de las mujeres del Nuevo Testamento —y, por ende, el de las discípulas actuales— ha sido invisibilizado en la predicación y la enseñanza, así como en la teología y la ética de muchas de nuestras iglesias. De este modo, se han utilizado versículos aislados fuera de sus contextos para desvirtuar el mensaje liberador de Jesús y sus implicancias para las mujeres, muchas veces con el propósito de callarlas, ningunearlas y desmerecerlas, o bien para atraparlas en halagos abstractos que poco se relacionan con sus luchas diarias. Con su cuidadosa lectura del Nuevo Testamento, Darío López demuestra que la tendencia hermenéutica de invisibilizar el protagonismo de las mujeres, en cuanto discípulas de Jesús y líderes en su movimiento, no solamente es un error de interpretación, sino una traición a la buena noticia del evangelio y una herida abierta que reclama atención.

Urge, entonces, para aprender de ellas, escuchar el testimonio de las discípulas de Jesús, tanto las de ayer en Galilea y Asia Menor como las de hoy en Ayacucho, quienes nos muestran cómo nuestras iglesias pueden transformarse en espacios de vida abundante. Nuestras abuelas, madres y hermanas en la fe nos desafían a imaginar iglesias solidarias y una pastoral comprometida con las luchas reales y cotidianas de nuestros pueblos.

Este libro, de la mano de las mujeres que lo inspiran, nos remite al Nuevo Testamento. Nos ayuda a redescubrirlo, ya no como instrumento de control o de odio o como excusa para acallar y ningunear, ni como un texto donde solamente unos pocos tienen relevancia, sino como lo que es verdaderamente: el testimonio y el reflejo de una buena noticia que nos transforma y nos da vida.

Nancy Elizabeth Bedford

Introducción

Desde el reverso de la historia

*Quitó de los tronos a los poderosos, y exaltó a los humildes.
A los hambrientos colmó de bienes, y a los ricos envió vacíos.*
(Lc 1.52–53)

*Id, haced saber a Juan lo que habéis visto y oído: los ciegos ven, los
cojos andan, los leprosos son limpiados, los sordos oyen, los muertos
son resucitados, y a los pobres es anunciado el evangelio.* (Lc 7.22)

La historia temprana del pentecostalismo da testimonio de que,
desde un inicio, fue un sujeto religioso que emergió desde el reverso de
la historia, desde la cuna de los desheredados del mundo, desde el rincón
de los ninguneados de la sociedad. El pentecostalismo fue heredero
directo y seguía el surco de la impronta movilizadora y transformadora
del movimiento de Jesús y de las primeras comunidades de discípulos.
Germinó entre los pobres, los oprimidos y los explotados, como las
bravas mujeres galileas que, siguiendo a Jesús el galileo, pusieron en tela
de juicio a la sociedad patriarcal de su tiempo, una sociedad excluyente
que invisibilizaba a las mujeres tratándolas como desperdicio social,
cultural y religioso.

Las mujeres pentecostales tienen esa impronta. Ellas encontraron
en la comunidad pentecostal una comunidad de iguales, una comunidad
de hermanos y amigos, una comunidad en la que las relaciones mujer-
hombre, hombre-mujer eran horizontales, y en las que ellas tenían voz

propia e igualdad de oportunidades. Precisamente, todo lo que en las sociedades estamentales de los países del sur en los que se asentó el pentecostalismo se les negaba o regateaba impunemente. La comunidad pentecostal, siguiendo el surco labrado por Jesús y expresado en la presencia visible de las discípulas galileas respondonas, les dio voz, las visibilizó, las resucitó socialmente y las convirtió en protagonistas dentro de las sociedades patriarcales que las tenían como ripio social, material de relleno o piezas descartables.

A quienes todavía tienen reparos para aceptar y reconocer esta realidad, habría que decirles que bastaría prestar atención a la información que nos proporciona el Nuevo Testamento sobre la comunidad de Jesús y las primeras comunidades cristianas para darse cuenta de que, desde su surgimiento en el primer siglo, el protagonismo de las mujeres fue central para el avance del testimonio cristiano en distintas fronteras sociales, culturales y religiosas.[1]

Por ejemplo, sobre la participación y el protagonismo de las mujeres en la comunidad de Jesús y en las primeras comunidades de discípulos, se afirma:

> El Nuevo Testamento nos informa acerca de las mujeres que trabajaban en la evangelización, actuaban como anfitrionas en nombre de la iglesia ofreciendo sus propios hogares, profetizaban y hablaban en lenguas y actuaban como diaconisas. Esta prominencia de las mujeres prosiguió [...] durante el siglo II. A veces se ejercía hablando en público, a veces por medio del martirio. Las predicaciones de Maximilla, de Tecla o de las cuatro hijas de Felipe el evangelista, tuvieron una fuerza que no se puede negar [...]. Los *Hechos de Pablo y de Tecla*, tal como lo tenemos, son puro romance; pero la figura de una mujer predicando, bautizando y siendo martirizada por su fe no es mero fruto de la imaginación. (Green 1979: 35)

---

[1] Al respecto se dice que uno «de los hechos más notables de la historia de las religiones es el entusiasmo por evangelizar que caracterizó a los cristianos primitivos. Eran hombres y mujeres de todo rango social y edad, de todos los países del mundo conocido, tan convencidos de que habían encontrado la esencia del universo, tan seguros del único Dios verdadero que habían llegado a conocer, que nada debía impedirles transmitir a otros esas buenas nuevas» (Green 1979: 79).

Se acentúa, además, lo siguiente:

> En la búsqueda de esta prominencia de las mujeres podemos remontarnos hasta el ministerio de Jesús, quien atrajo a muchas de ellas, haciéndolas participar en su movimiento, y ellas se mostraron consagradas y constantes en su lealtad hacia él. Sus discípulas estuvieron presentes en la crucifixión; manos femeninas ayudaron a José de Arimatea a colocar a Jesús dentro del sepulcro. Ellas estuvieron en el primer día de la pascua y las subsiguientes semanas de espera en Jerusalén. Ellas hicieron acto de presencia el día de Pentecostés, y en la casa de una mujer tuvo su sede la jefatura de la iglesia de Jerusalén. Un vistazo al libro de Hechos confirmará esta impresión en cuanto al importante rol desempeñado por las mujeres en la difusión del evangelio: Dorcas, Priscila, las cuatro profetisas, hijas de Felipe, cuya fama se divulgó en el siglo II, las mujeres de la clase alta de Berea y Tesalónica y otras. Las Epístolas nos ponen frente a una diaconisa, posiblemente hasta una mujer apóstol [Junias]. Ocho de las veintiséis personas mencionadas en las salutaciones de Romanos 16 son mujeres, y las rivalidades entre las obreras cristianas dedicadas al evangelismo se censuran en Filipenses 4. El papel desempeñado por las mujeres es aún más notable si se tiene en cuenta que tanto los círculos judíos como los paganos constituían mayormente un mundillo masculino. Era muy fácil burlarse de las «estúpidas mujeres» que chismorreaban acerca del cristianismo en los cuartos de lavado; pero pese a ello estas mismas mujeres se contaban entre los más fructíferos evangelistas. (Green 1979: 32–33)

Entre las mujeres que se relacionaron con el movimiento de Jesús y participaron visiblemente en él, destacan, en primer lugar, las galileas que lo seguían y servían (Lc 8.1–3; 23.49; Mr 15.41). Ellas estuvieron con Él hasta el final, acompañándolo al pie de la cruz (Mt 28.55–56; Mr 15.40–41; Lc 23.49; Jn 19.25) y fueron las primeras testigos de su resurrección (Mt 28.1; Mr 16.1; Lc 24.1–10; Jn 20.1). Los cuatro evangelios, unánimemente, dan testimonio de que María Magdalena fue la más notoria entre ellas. Marta y María, hermanas de Lázaro, se cuentan también entre las discípulas de Jesús (Lc 10.38–42; Jn 11.17–27), así como la madre de Juan Marcos, en cuya casa de Jerusalén se reunían los primeros discípulos (Hch 12.12).

Cuando la buena noticia de la salvación se fue expandiendo a lo largo del Imperio romano, según se registra en Hechos de los Apóstoles, las mujeres estuvieron en primera línea como discípulas, colaboradoras, misioneras y activistas en favor de los sectores menos favorecidos (como Dorcas o Tabita). En el libro mencionado, sobresalen como discípulas destacadas Dorcas, Priscila, Lidia y las hijas de Felipe, así como las mujeres de Berea y Tesalónica, entre otras, cuyos nombres no están registrados y que contribuyeron directamente en la expansión del mensaje acerca de Jesús en distintos contextos y entre diversos públicos.

El apóstol Pablo en su Epístola a los Romanos se refiere, además, con nombre propio, a ocho mujeres discípulas, mencionando alguna característica particular respecto a cada una de ellas (Febe, Priscila, María, Trifena, Trifosa, Pérsida, la madre de Rufo, Julia).[2] Por ejemplo, dice: «Saludad a María, la cual ha trabajado mucho entre vosotros» (Ro 16.6). Y en su Epístola a los Filipenses, menciona a Evodia y Síntique como dos de sus colaboradoras cercanas en el anuncio de la buena noticia: «… que combatieron juntamente conmigo en el evangelio […]» (Fil 4.3).

Destacan también en los primeros años de la expansión del movimiento de Jesús, mártires de la fe cristiana como Perpetua y Blandina, cuyo ejemplo de vida motivó la incorporación de más personas a la naciente comunidad cristiana. Del testimonio de vida de Perpetua,[3] una aristócrata convertida a la fe cristiana, y de otras mujeres, se expresa:

> La consagración casi sobrehumana de la cual las primeras mujeres cristianas eran capaces está ilustrada por los relatos de algunos martirios. La Pasión de Perpetua es una de las joyas de

---

2 Incluso se podría añadir a esta relación de mujeres a Junias (Ro 16.7), quien, probablemente, fue una mujer apóstol.

3 Sobre esta mártir cristiana se menciona además que el «relato de Perpetua, cuyo carácter autobiográfico no ha sido nunca puesto seriamente en duda, nos ofrece el primer testimonio personal de un mártir sobre su vida interior. No oímos ya a un historiador, sino a la propia interesada. Este diario atestigua una vida de oración intensa […]» (Hamman 1967: 583).

la literatura cristiana primitiva. A la edad de 22 años, casada el año anterior y con una criatura en las entrañas, Perpetua fue martirizada en Cartago a causa de su fe en el año 203 d. C. […]. Su padre lo intentó todo con el propósito de lograr que se retractara […]. Ella se mantuvo firme y con valerosa dignidad fue al encuentro de su muerte. Bien podemos imaginar el efecto de tal devoción a Cristo. (Green 1979: 37)

Además de Perpetua, Blandina, una esclava convertida a la fe cristiana, selló con su vida el compromiso firme que tenía con su Señor Jesús:

Un cuarto de siglo antes, la joven esclava gala Blandina murió mostrando tanto valor y fidelidad como Perpetua, la aristocrática dama africana. La conmovedora historia narrada por un testigo ocular, en Viena, en el año 177 d. C., y su carta fue reproducida íntegramente por Eusebio […]. Torturada con cruel refinamiento, Blandina serenamente declaró: «Soy una mujer cristiana y nada malo ocurre entre nosotros». Colocada sobre instrumentos de tortura, arrojada a las fieras de la arena, obligada a presenciar la muerte de otras compañeras cristianas, sometida a la estaca, esta notable niña […] finalmente, encontró la muerte al ser introducida en una red y embestida por un toro. Su ejemplo llevó a Ponticus, un muchacho de quince años a enfrentar el martirio, al tiempo que oraba, amante y persistente, por sus perseguidores. (Green 1979: 37–38)

Acerca de Blandina, de su historicidad y de la textura de compromiso cristiano, se puntualiza:

Eusebio nos ha conservado en su *Historia eclesiástica* la mayor parte de la carta que las iglesias de Lyon y Viena dirigieron a los hermanos de Asia y Frigia […] se nos describe en ella el martirio de cierto número de cristianos acaecido el año 177 […] Blandina aparece no solamente como una imagen de Cristo crucificado, sino como una oración viva, la oración encarnada. «No cesaba de orar con fuerte voz». (Hamman 1967: 578–579)

Aparte de Perpetua y Blandina, Eusebio, en su *Historia eclesiástica*, registra también el martirio de la doncella Potamiana, en Alejandría el año 202. Sobre su fe y su compasión cristiana, puntualiza que Potamiana expresó lo siguiente acerca del soldado encargado de conducirla al martirio y que la defendió de la muchedumbre: «Conmovida por esta simpatía, anima al soldado a que tenga confianza; ella rogará por él cuando se halle cerca de su señor y le pagará sin tardanza su noble actitud» (Hamman 1967: 582).

Teniendo en cuenta estos testimonios, sería difícil negar el protagonismo que tuvieron las mujeres tanto en el movimiento de Jesús como en el establecimiento de las primeras comunidades cristianas en distintas ciudades y regiones del Imperio romano. Ellas fueron discípulas, misioneras, mártires y pregoneras de la buena noticia de salvación, dentro y fuera de sus hogares. De estas mujeres, de su compromiso cristiano, de la textura de su testimonio, de su calidad de vida ejemplar, se subraya:

> Si mujeres como éstas eran típicas a través de todos los variados estratos sociales de la iglesia, no debe causar sorpresa alguna que el evangelio derrotase los enormes obstáculos que se oponían a su paso y comenzase a conquistar al Imperio Romano. (Green 1979: 38)

Las mujeres pentecostales son herederas de esta larga tradición cristiana de compromiso inquebrantable con el Dios de la vida. Ellas, como las mujeres del movimiento de Jesús y las mártires de la fe cristiana en los primeros siglos, tienen también un compromiso inquebrantable con el Señor que las liberó de las opresiones que las cosificaban y que las mantenían postradas como cosas descartables antes de su encuentro con el Dios de la vida. Esto explica su compromiso con la vida y la justicia, su solidaridad con quienes sufren distintas formas de violencia, visible o disfrazada, su terca apuesta por una sociedad en la que no exista ninguna forma de injusticia institucionalizada.

De las mujeres pentecostales como protagonistas, antes que simple material de relleno o personajes anecdóticos, se enfatiza:

> Las mujeres han desempeñado un papel preponderante en el origen y desenvolvimiento del pentecostalismo, como pastoras, evangelistas, fundadoras de iglesias y misioneras. El pentecostalismo autóctono no hubiera sobrevivido sin el liderazgo

> femenino, especialmente de *la misionera* (de la iglesia local), siempre presente en el culto y en la visita a hogares y hospitales. (Villafañe 1996: 116)

¡Así ha sido y así es actualmente! Las mujeres pentecostales son la avanzada social y misionera de estas iglesias. Ellas son las que comienzan las escuelas dominicales y los cultos en casas, las que reúnen fondos para la compra de terrenos o para mejorar la infraestructura de los templos, las que comienzan nuevas congregaciones, las que inician programas sociales de atención a personas vulnerables (niños, viudas, ancianos, madres solteras, etc.). ¡Siempre estuvieron y están en primera línea! La impronta pentecostal, su fuerza movilizadora y transformadora, genera así, entre las mujeres pobres y ninguneadas del sur del mundo, un capital social y político que coadyuva al fortalecimiento de la democracia y a una revaloración del testimonio cristiano en la plaza pública. ¡Benditas sean las mujeres!

Capítulo 1

Las bravas discípulas galileas

La horizontalidad de la comunidad de Jesús

*El resultado de la actitud de Jesús fue que las mujeres se volcaron
sobre él; como vemos por la historia de la pasión, las mujeres
le mostraron a Jesús una fidelidad de la que sus discípulos [hombres]
no fueron capaces.* (Jeremias 2009: 265)

Introducción

En la sociedad patriarcal del primer siglo las mujeres estaban
consideradas como propiedad de sus padres o esposos,[4] como descartables, infravaloradas, prescindibles y de escaso valor. Las mujeres,
como los samaritanos y los cobradores de impuestos, formaban parte
de la basura social desechable o del desperdicio humano que podía ser
expectorado cada vez que los poderosos así lo decidieran. La mujer no
participaba en la vida pública y «debían pasar en público inadvertidas»
(Jeremias 2000: 449–450). En la sociedad judía y en la griega y romana
en menor medida:

---

[4] En aquel tiempo «la mujer, hasta su matrimonio estaba bajo el poder absoluto de su
padre, que podía llegar incluso a venderla como esclava mientras no hubiese cumplido
los doce años, con lo que el matrimonio suponía para la mujer un simple cambio de
dueño; la obediencia al marido era un deber religioso, y las obligaciones que asumía la
mujer la convertían en una verdadera sirvienta del esposo» (Bautista 1993: 33).

> … las mujeres respetables estaban confinadas al espacio privado de sus casas. El espacio público era dominio de los varones. Las mujeres podían salir a dicho espacio solo si iban «debidamente» acompañadas de sus esposos o de un varón de la familia. No estaba bien visto que un varón hablara públicamente con una mujer. (Conti 2003: 55)

En ese contexto de violencia visible o encubierta en contra de las mujeres y de otros seres humanos considerados como menos importantes, Jesús irrumpió con una buena noticia de liberación, la cual niveló las relaciones mujer-hombre, forjando una comunidad de iguales, una comunidad horizontal en la sociedad piramidal de aquel tiempo. Jesús desmanteló, con palabras y gestos visibles de liberación, las diversas formas de violencia social, cultural y religiosa que relegaban y confinaban a las mujeres a la escala más baja de la pirámide social. De la actitud y práctica de Jesús se afirma que:

> Jesús reacciona verdaderamente contra todas las desigualdades de que era víctima la mujer y, sin hacer concesiones a la mentalidad de su medio, sin admitir ninguno de los prejuicios que servían de apoyo a los privilegios masculinos, manifiesta claramente su voluntad de restablecer la igualdad de la mujer cada vez que se encuentra ante una situación desfavorable a ella. (Bautista 1993: 40)

Esta práctica liberadora de Jesús resalta más todavía cuando se la sitúa en el marco temporal en el que vivió y proclamó la buena noticia de salvación:

> En términos generales, Jesús vivió en un contexto sociocultural (el contexto judío y la extensa sociedad grecorromana) en la que la visión masculina de la mujer era usualmente negativa y el lugar de la mujer se limitaba mayormente a las funciones domésticas de esposa y madre. (Scholer 1992: 880)

Cuando se encontraron con Jesús, la calidad y condición de vida de las mujeres cambió notablemente, tal como lo atestigua Lucas en su evangelio (Mittelstadt 2010: 105). Más aún, todos los evangelios sin excepción dan cuenta de esta nueva realidad que transformó el destino de las mujeres. Aquí se tiene que puntualizar que, a pesar de que los autores humanos de los evangelios habían sido formados y socializados en un clima patriarcal excluyente, no silenciaron ni ningunearon ni invisibilizaron a las mujeres de diverso trasfondo social y cultural con las que Jesús se relacionó públicamente, como las discípulas galileas que lo seguían y servían.

Lo señalado hasta este momento ayuda a comprender por qué:

> … en el ámbito de la *basileía* [reino] cambia la postura con respecto a la mujer. Aquí se ve con especial evidencia que el hecho de pertenecer a la *basileía* es algo que transforma la conducta. (Jeremias 2009: 261)

La práctica concreta de Jesús ilustra claramente esta realidad:

> Por los relatos de los evangelios vemos que en este mundo ambiente [el mundo patriarcal del primer siglo] ocurre ya algo asombroso: hay muchas historias que nos hablan de encuentros de Jesús con las mujeres. Así lo vemos especialmente en el material propio de Lucas. En estas historias se expresa la idea de que Jesús tiene conciencia de venir para ayudar a todos, también a las mujeres (Lc 7.36–50; Mr 1.31 par., etc.). He aquí una característica del tiempo de salvación, como lo muestra Joel 3.1–5 (citado en Hch 2.17–21). Por eso, ocurre algo verdaderamente asombroso: Jesús se desliga de la costumbre de excluir a la mujer [...] Jesús habla espontáneamente —según el evangelio de Juan— con una mujer, hasta el punto de que los discípulos se admiran (4.27). Las mujeres se cuentan entre el auditorio de Jesús (Lc 11.27s). Él tiene amistad con las hermanas María y Marta (Lc 10.38–42). Unas mujeres le siguen y le asisten (Mr 15.40s par: Lc 8.1–3). Esto debió de suscitar gran sensación [...]. (Jeremias 2009: 264–265)

Una evidencia innegable de la forma como Jesús dignificó, niveló y visibilizó a las mujeres son las historias de la sanidad de la suegra de Pedro (Mt 8.14–17; Mr 1.29–34; Lc 4.38–41); la resurrección de la hija de Jairo y la sanidad de la mujer que tenía flujo de sangre (Mt 9.18–26; Mr 5.21–43; Lc 8.40–56), la sanidad de la hija de la mujer cananea (Mt 15.21–28; Mr 7.24–30), la mujer que ungió a Jesús en Betania

(Mt 26.6–13; Mr 14.3–9), la viuda pobre (Mr 12.41–44; Lc 21.1–4) y las mujeres galileas que fueron las primeras testigos de la resurrección de Jesús (Mt 28.1–10; Mr 16.1–8; Lc 24.1–12). Estas historias de vida paradigmáticas expresan que, en efecto, las mujeres aparecen como protagonistas, beneficiarias, discípulas, colaboradoras, lo cual es señal indudable de que la proclamación pública de la buena noticia del reino de Dios pone en tela de juicio y desmantela las diversas violencias que las cosifican y deshumanizan.

El testimonio de los evangelios

Cada evangelio tiene historias particulares de mujeres de distinto trasfondo en las que ellas son protagonistas centrales, antes que personajes de relleno, accidentales, anecdóticos o periféricos. Esta es una realidad que indica que para los autores de los evangelios las mujeres fueron sujetos del amor especial de Jesús y beneficiarias de sus acciones liberadoras, además de discípulas, colaboradoras y mensajeras.

Mateo, en la genealogía de Jesús (Mt 1.1–17), registra que entre los antepasados del Mesías había mujeres extranjeras (Tamar, Rahab, Ruth, Betsabé) y de dudosa reputación moral (Tamar, Rahab, Betsabé, María). Con esta información única que no se encuentra ni en Marcos ni Lucas, remarca que Dios es Dios de todos los pueblos, razas y culturas. Acentúa, además, que la buena noticia de salvación está al alcance de todas las personas, cualquiera sea su trasfondo social, cultural o religioso.

Marcos destaca especialmente a las mujeres galileas, subrayando que habían estado con Jesús en Galilea y que lo habían acompañado hasta Jerusalén, como discípulas y servidoras (Mr 15.41). Registra tanto su presencia en la crucifixión de Jesús como en su resurrección (Mr 15.40–41; 16.1–11). Menciona con nombre propio a varias de las discípulas y servidoras galileas: María Magdalena, María la madre de Jacobo el menor y de José, y Salomé (Mr 15.40–41; 16.1, 9), precisando además que hubo otras mujeres discípulas de Jesús: «... y otras muchas que habían subido con él a Jerusalén» (Mr 15.41). ¿Cuántas fueron, además de las mujeres mencionadas con nombre propio, las discípulas galileas de Jesús? Ni Marcos ni los otros evangelios responden directamente esta pregunta; sin embargo, se puede inferir que no fueron pocas las que se integraron al movimiento de Jesús y que participaron activamente en él de manera pública y comprometida. Lucas 8.1–3 es un claro ejemplo de esa realidad.

Juan, en el evangelio que lleva su nombre, por su parte, registra la historia del encuentro del Mesías con una mujer samaritana (Jn 4.1–42). Con esta historia registrada únicamente por él, resalta que Jesús no margina ni discrimina a nadie. Indica además que, con sus palabras y gestos de amor y justicia, rompe con todo tipo de prejuicios y derriba los muros culturales y religiosos que separan a las personas. Juan brinda también información valiosa sobre la amistad que unía a Jesús con Lázaro y sus hermanas Marta y María (Jn 11.1–44), destacando las palabras y las acciones de estas como señal expresa de que las mujeres tienen voz propia en la comunidad de Jesús.

Aunque para algunos, teniendo en cuenta, entre otros relatos, la mención en la genealogía del Mesías a cinco mujeres, cuatro extranjeras y cuatro con una conducta indeseable (Mt 1.1–17), Mateo sería más favorable a las mujeres; para otros, sería más bien el Evangelio de Juan, el cual pone énfasis en el trato favorable que Jesús dio a las mujeres, porque registra su encuentro paradigmático con una mujer samaritana (Jn 4.1–42), el relato de la mujer adúltera perdonada públicamente por Él (Jn 8.1–11) y el relato de su diálogo teológico significativo con Marta, la hermana de Lázaro (Jn 11.20–27).[5] Sin embargo, a diferencia de los otros evangelios, Lucas tiene información valiosa, única y paradigmática acerca de la amistad especial de Jesús con las mujeres, particularmente con las discípulas galileas. Este énfasis lucano nos servirá de piso teológico para reflexionar sobre el protagonismo de las mujeres galileas como modelo de discípulas y colaboradoras fieles, combativas, coherentes y comprometidas.

---

[5] Un valioso resumen de la discusión en torno a este asunto se encuentra en el artículo *Las mujeres en el Evangelio de Lucas* (Ramos 2003: 71–86). Adela Ramos, la autora, resume con estas palabras su punto de vista: «Este brevísimo recorrido muestra que no es prudente afirmar que un evangelio sea más favorable a las mujeres que otro. Primero, porque las mujeres evocadas en los cuatro evangelios no son siempre las mismas. Segundo, porque ellas son presentadas según los énfasis teológicos o doctrinales que cada evangelista le da a su obra. Tercero, porque las diversas interpretaciones dependen de la elección de los textos, del tipo de lectura que se aplique a estos textos, de los destinatarios, del punto de vista que se adopte y de la instrumentalización utilizada en los análisis de estos textos» (Ramos 2003: 72–73).

De la perspectiva lucana acerca de las discípulas galileas, se enfatiza lo siguiente:

> Lucas describe a estas mujeres discípulas en el contexto galileo (Lc 8.1–3). Puntualiza que viajaban con Jesús y con los Doce y que los sostenían materialmente, lo cual parece indicar su alta posición social y económica. Estas mujeres aparentemente se hicieron discípulas de Jesús como consecuencia de la sanidad que habían recibido de parte de él. (Scholer 1992: 882)

Las mujeres galileas, entonces, desde la situación de opresión e indefensión en la que se encontraban, fueron capaces de revertir esa realidad, caminando al lado del Mesías que las había liberado para que vivieran como personas dignas y libres en un mundo de opresión y de desniveles inmensos entre hombres y mujeres. Mujeres dignas y libres cuyo presente y futuro comenzó a cambiar desde el momento en que escucharon la buena noticia del reino de Dios; una buena noticia de liberación que le dio un nuevo sentido a sus vidas, una calidad de vida completamente diferente, así como la garantía de un futuro distinto del que le ofrecía la sociedad patriarcal del primer siglo.

Las mujeres en el Evangelio de Lucas

Si bien Mateo, Marcos y Juan en sus relatos acerca de Jesús registran historias en las que claramente Jesús tiene un trato preferencial con las mujeres, a diferencia de estos, Lucas va más allá, pues las coloca como protagonistas activas en la historia de Cristo. En el tercer evangelio ellas no son simples espectadoras, personajes secundarios, accesorios desechables o material de relleno. En el evangelio lucano las mujeres no son ninguneadas o tratadas como sobrantes, nunca están calladas, y no son amordazadas o invisibilizadas. Hablan con su silencio o con su voz, con sus gestos y con sus palabras, con su compromiso firme con la vida. Participan activamente en el movimiento de Jesús como discípulas, mensajeras y colaboradoras. Son puestas como ejemplo y modelo de confianza en Dios, estuvieron al pie de la cruz y fueron testigos de la resurrección.

De acuerdo con el testimonio lucano, Jesús las recibe en la comunidad de discípulos como iguales a los hombres en valor y dignidad, camina con ellas en lugares públicos y, a diferencia de los rabinos judíos de aquel tiempo,[6] las acepta y reconoce como discípulas y colaboradoras. En otras palabras:

> Jesús atraviesa ciudades y aldeas rodeado de los Doce y de algunas mujeres, que se han beneficiado de su poder taumatúrgico. Entre ellas, María de Magdala, Juana de Cusa, que estarán en el calvario, y Susana [...]. Mujeres ricas asisten a Jesús y a los Doce con sus bienes. Jesús y los Doce no han rechazado la limosna para dedicarse libremente al servicio de Dios. (Rigaux 1973: 132)

De manera más precisa:

> El Evangelio de Lucas tiene un gran interés en las mujeres en la vida y ministerio de Jesús, incluyendo varias historias y relatos sobre mujeres, únicos en su descripción. Lucas proporciona, además, más que los otros Evangelios, el nombre específico de mujeres en la vida de Jesús [...]. El lugar de la mujer en el discipulado es enfatizado particularmente en Lucas, tanto en sus declaraciones generales (Lc 8.19–21; 11.27–28), en la historia de María y Marta (Lc 10.38–42) y en la información de las mujeres discípulas que viajaban con Jesús (Lc 8.1–3) y que son descritas en los relatos relacionados con la pasión y resurrección de Jesús (Lc 23.49; 23.55). Algunos de estos relatos son exclusivamente lucanos (Lc 8.1–3; 10.38–42; 11.27–28) [...]. (Scholer 1992: 886)

Se afirma además que:

> Lucas, especialmente sensible en este aspecto, destaca la presencia de mujeres como acompañantes y discípulas de Jesús (cf. Lc 8.1–3; 23.49). El solo hecho de que hubiera mujeres colaborando con Jesús nuestra la originalidad de su actitud [...]. (Gutiérrez 2004: 317)

---

6 En ese tiempo «los rabinos actuaban en centros docentes, instruían únicamente a varones jóvenes, y sus discípulos podían cambiar de maestro. Por tanto, se diferenciaban de Jesús y del círculo de sus discípulos: la vinculación con Jesús era exclusiva y definitiva; también había mujeres entre sus oyentes [...]» (Theissen 2005: 51).

Además, dos parábolas exclusivamente lucanas en las que mujeres son protagonistas centrales expresan también que tienen iniciativa, decisión, coraje y esperanza para cambiar las situaciones de desventaja, opresión y maltrato en las que se encontraban (15.8–10; 18.1–8). La mujer que diligentemente buscó una moneda extraviada hasta encontrarla (15.8–10) y la viuda que insistentemente buscó y consiguió justicia en una realidad de exclusión y marginación (18.1–8) dan cuenta de las características particulares de las mujeres combativas y respondonas, como las galileas, que se encuentran también en las historias de mujeres que Lucas presenta en su historia de Jesús.

Historias de vida significativas

Lucas en su evangelio, además de destacar el protagonismo de mujeres como Elisabet, María y Ana en el evangelio de la infancia (1–2), registra también tres experiencias significativas que no se encuentran en los otros evangelios conectadas con el trato preferencial que Jesús tuvo con las mujeres: la resurrección del hijo de la viuda de Naín (7.11–17), su visita a la casa de Lázaro, Marta y María (10.38–42) y la sanidad de la mujer encorvada (13.10–17). Cada una de estas historias acentúa las acciones liberadoras en favor de las mujeres, así como la crítica frontal de Jesús a las prácticas deshumanizadoras en contra de la mujer que existían en la sociedad patriarcal judía del primer siglo.

En el relato de la resurrección del hijo de la viuda de Naín se precisa que cuando los indefensos y los vulnerables se encuentran con Jesús, la alegría que ese encuentro produce transforma todas las condiciones materiales de su existencia y les transmite un amor por la vida que ningún poder temporal les puede otorgar ni arrebatar. Del relato se deduce que los indefensos y los vulnerables, como la viuda de Naín, tienen en Jesús a su *goʼel*, su vindicador que saca la cara por ellos y que los defiende de las violencias que los oprimen y tratan como descartables o sobrantes.

En el registro de la visita de Jesús a la casa donde vivían Lázaro, Marta y María, se destaca que tanto la acción como la contemplación, el servicio como la meditación, las preocupaciones materiales como las preocupaciones espirituales no se contraponen y tienen su lugar en la vida y misión de la comunidad de Jesús. Se subraya, además, que María se da cuenta de que, en ese momento, cuando Jesús está presente en la cotidianidad de la vida, lo más importante es escucharlo a Él. En otras palabras, cuando Jesús está con nosotros compartiendo nuestra mesa, es más importante acoger el reino de Dios visibilizado en su presencia, darnos cuenta de que el tiempo de liberación ha comenzado y que, por eso mismo, es necesario escucharlo.

La historia de la sanidad de la mujer encorvada enfatiza que la identificación pública de Jesús con esta persona indefensa y desvalida, considerada en aquel tiempo como una proscrita social y una indeseable, estuvo acompañada de palabras y gestos visibles de solidaridad, justicia, amor y liberación que transformaron radicalmente su vida. En esta historia se puntualiza que la vida de un ser humano es más importante que las regulaciones religiosas insensibles, cuyo valor y dignidad deben estar por encima de cualquier prejuicio que cosifica a las personas.

El evangelio de la infancia (Lc 1–2)

En el evangelio de la infancia, sobre el protagonismo de las mujeres en la historia de la salvación, se subraya que ellas fueron testigos privilegiadas del advenimiento del Mesías, portavoces del amor universal de Dios y sujetos favorecidos de su especial amistad con los de la periferia. Dos mujeres ancianas (Elisabet y Ana) y una joven campesina galilea (María) dan testimonio de la forma como Dios actúa en la cotidianidad de la vida humana, eligiendo y utilizando para su propósito de salvación a quienes para nada se tenía en cuenta en la historia oficial o que estaban al margen de esta.

Está presente así, desde el comienzo del tercer evangelio, uno de los temas favoritos de Lucas. Aquí las mujeres tienen voz propia. Con gestos y palabras, expresan públicamente quién es Dios para ellas, rompiendo así los patrones sociales, culturales y religiosos que las mantenían oprimidas e invisibilizadas. Lucas enfatiza, entonces, la inversión social y política que el Mesías prometido trae consigo. Precisamente, los anuncios de nacimientos extraordinarios y los cantos mesiánicos que Lucas registra en los dos primeros capítulos de su evangelio subrayan esa realidad, cuyo contraste con la sociedad patriarcal de aquel tiempo es innegable. De esa manera, la buena noticia de liberación confronta abiertamente las prácticas sociales, culturales y religiosas que desvalorizaban a seres humanos creados a la imagen de Dios, como las mujeres, cuyo valor y dignidad son reconocidos públicamente por Jesús.

Según Lucas, desde una realidad de desventaja social, se va tejiendo la novedad de vida que cambiará la historia de la humanidad. Dios comienza a cumplir su promesa de liberación plena y los primeros testigos de esa realidad son dos personas pobres y marginadas, dos ancianos despreciados por no tener hijos: Elisabet y Zacarías. Además, la experiencia concreta de María, la joven campesina de Galilea, región despreciada por los judíos piadosos de Jerusalén, muestra que Dios en su misión de salvación quiebra los patrones sociales y culturales de marginación y exclusión. En sus acciones de liberación, va de este modo a contracorriente de los valores y las prácticas cotidianas de marginación y exclusión sobre los cuales se sostienen las sociedades asimétricas, opresivas y deshumanizantes. Así lo afirmó María de Galilea públicamente cuando dio testimonio en su canto sobre la transformación social, política y económica radical que acompaña la intervención poderosa de Dios en el seno de la historia (1.51–53).

Las discípulas galileas de Jesús

De entre las mujeres galileas que siguieron y sirvieron a Jesús, destaca notoriamente María Magdalena o María de Magdala. Los cuatro evangelios, unánimemente, mencionan que ella fue la primera persona que vio a Jesús resucitado, puntualizando de esa manera su papel protagónico como testigo y apóstol (Mr 16.1–11; Mt 28.1; Lc 24.10; Jn 20.11–18).

¿Quiénes y cuántas fueron las discípulas galileas? Los evangelios sinópticos mencionan con nombre propio a varias de las mujeres que siguieron a Jesús desde Galilea y que permanecieron con Él hasta el final. Mencionan además a otras mujeres galileas sin precisar cuántas fueron, sin proporcionar sus nombres y sin especificar su condición social (Mr 15.41; Lc 8.3).

Mateo, casi al final de su evangelio, menciona a María Magdalena, a María la madre de Jacobo y José, y a la madre de los hijos de Zebedeo, con la precisión de que «habían seguido a Jesús desde Galilea, sirviéndole» (Mt 27.55), para finalmente referirse solamente a «María Magdalena y la otra María» (Mt 27.61; 28.1).

Marcos, por su parte, hace referencia a María Magdalena, a María la madre de Jacobo el menor y José, y a Salomé (Mr 15.40). Precisa, además, igual que Mateo, que estas mujeres «seguían y servían» a Jesús desde Galilea (Mr 15.41). Proporciona también un dato bastante significativo: «… y otras muchas que habían subido con él a Jerusalén» (Mr 15.41).

Lucas alude a «María que se llamaba Magdalena […] Juana, mujer de Chuza intendente de Herodes, y Susana, y otras muchas que le servían de sus bienes» (8.2–3). Igual que Marcos, Lucas menciona a «otras muchas». ¿Quiénes y cuántas fueron estas mujeres cuyos nombres no se mencionan? Lucas proporciona también dos datos precisos sobre la presencia de las mujeres galileas durante la crucifixión y el entierro de Jesús sin mencionar sus nombres:

> Pero todos sus conocidos, y las mujeres que le habían seguido desde Galilea, estaban lejos mirando estas cosas […]. Y las mujeres que habían venido con él desde Galilea, siguieron también, y vieron el sepulcro, y cómo fue puesto el cuerpo. Y vueltas, prepararon especies aromáticas y ungüentos; y descansaron el día de reposo, conforme al mandamiento. (23.49, 55–56)

Un poco después, cuando registra la historia de la resurrección de Jesús, nombra expresamente a algunas de las mujeres galileas: «… María Magdalena, y Juana, y María madre de Jacobo, y las demás con ellas» (24.10). Las preguntas que se desprenden de esta referencia de Lucas a las mujeres galileas son las siguientes: ¿A quiénes se refiere Lucas en su evangelio con las palabras «y las demás con ellas»? ¿Cuántas mujeres galileas que fueron discípulas y colaboradoras hubo en el movimiento de Jesús?

Finalmente, Juan en su evangelio, brevemente, hace referencia a las siguientes mujeres galileas: «… su madre, y la hermana de su madre, María mujer de Cleofas, y María Magdalena» (Jn 19.25). Y en el relato de la resurrección solo menciona a María Magdalena (Jn 20.1).

¿Qué se deduce de toda esta información que se registra en los cuatro evangelios? Indudablemente que fueron varias las discípulas galileas que estuvieron con Jesús, siguiéndole y sirviéndole desde Galilea hasta el final, arriesgando sus vidas y su honor, no solo ante a las autoridades judías, sino también enfrentándose a las regulaciones legales romanas que prohibían identificarse públicamente con un crucificado, enemigo declarado, según las leyes del Imperio, del Estado romano.

De algunas de ellas sabemos sus nombres: María la madre de Jesús, María Magdalena, María la madre de Jacobo el menor y José, Salomé,[7] Juana, Susana, María mujer de Cleofás, la madre de los hijos de Zebedeo y la «otra María».[8] De otras no sabemos sus nombres ni cuántas eran, y solo las conocemos porque los autores de los evangelios se refieren a ellas con estas palabras: «Estaban allí muchas mujeres mirando de lejos, las cuales habían seguido a Jesús desde Galilea [...]» (Mt 27.55), «... y otras muchas que habían subido con él a Jerusalén» (Mr 15.41), «... y otras muchas que le servían de sus bienes» (Lc 8.3), «... y las demás con ellas» (Lc 24.10).

Los evangelios sinópticos entonces, unánimemente, afirman que todas estas mujeres habían seguido y servido a Jesús desde Galilea, como expresión concreta de gratitud y compromiso con quien las había liberado de una vida de angustias y sufrimientos (Morris 1997: 164). En otras palabras:

> ... las mujeres que acompañaban a Jesús no sólo eran fieles porque le seguían y ayudaban con sus bienes materiales y

---

7 En cuanto a la identidad de Salomé, comparando la información que proporcionan los evangelios, se sugiere lo siguiente: «Según Mr 15.40 y 16.1, dos de las tres mujeres que presenciaron la crucifixión y fueron a la tumba la mañana de la pascua se llamaban María, y la otra Salomé. Mt 27.56 menciona a dos Marías, y la madre de los hijos de Zebedeo, que probablemente debemos identificar como Salomé. Jn 19.25 hace referencia a dos mujeres llamadas María, además de la madre de Jesús y la hermana de su madre, que estaban cerca de la cruz. Si identificamos a la hermana de su madre como Salomé, Jacobo y Juan, los hijos de Zebedeo, serían entonces primos de Jesús. Sin embargo, es igualmente posible que Juan haya hecho una selección diferente de nombres entre las «otras muchas» mujeres que, de acuerdo con Mr 15.41, estuvieron presentes en la crucifixión» (Hall 2003: 1206).
   Lo mismo opina otro autor: «Debido al paralelo de Marcos 15.40 con Mateo 27.56, es posible que Salomé sea la esposa de Zebedeo y, consecuentemente, la madre de Santiago y Juan, dos de los doce discípulos» (Scholer 1992: 885).

8 Sobre la identidad de la «otra María» se afirma que: «María la madre de Jacobo; la «otra María»; María de Cleofás. Es muy probable que estos tres nombres se refieran todos a la misma persona» (Smalley 2003a: 860). Scholer tiene la misma opinión: «El texto paralelo en Marcos 15.47 y 16.1, y la información de Mateo 27.56 y Lucas 24.10, sugieren que la «otra María» sea probablemente identificada con María la madre de Santiago y José» (Scholer 1992: 885).

espirituales, sino que además eran numerosas y estables. Con
todo ello, estas mujeres están dando ya el testimonio de ejercer
una primera especie de «ministerio», ya que en el contexto de
la época, pueden ser consideradas como auténticas misioneras.
(Bautista 1993: 54)

Se debe resaltar, además, que «los cuatro evangelistas van a atestiguar
que las mujeres forman parte, como miembros de pleno derecho, de la
asamblea del reino que Jesús convoca» (Bautista 1993: 40). Sobre esta
realidad, Marcos y Mateo utilizan las palabras *akoloutheo* (Mt 27.55;
Mr 15.41) o *sunakoloutheo* (23.49), que aluden al seguimiento a Jesús,
como en el caso de Mateo o Leví, según Lucas 5.11. Lucas utiliza en
cambio la palabra *sunakoloutheo*, la forma simple de *akolouthein*, para
indicar que las mujeres galileas fueron discípulas que siguieron a Jesús
hasta Jerusalén, el clímax de su ministerio (Ryan 1985: 57–58).

En suma, del testimonio de los evangelios sinópticos queda claro
que ellas fueron discípulas de Jesús, antes que meras simpatizantes o
seguidoras ocasionales. Los evangelios sinópticos utilizan, además,
cuando se refieren a las discípulas galileas, la palabra *diakoneo* (Mt 27.55;
Mr 15.41; Lc 8.3) para referirse a ellas como servidoras o ministras que
apoyaban públicamente a Jesús y a la comunidad de discípulos con sus
bienes materiales.[9]

¡Discípulas y servidoras! Discípulas y servidoras plenas como
los hombres que seguían a Jesús. Se enfatiza así que la comunidad del
Mesías fue una comunidad de iguales, horizontal, niveladora, abierta e
inclusiva: una comunidad cuya composición social, naturaleza inclusiva
y relaciones mujer-varón horizontales contrastaba abiertamente con la
sociedad estamental y patriarcal del primer siglo.

Las discípulas galileas como señal del reino de Dios

Lucas 8.1–3 es un pasaje clave.[10] Con esta referencia a las mujeres
galileas que seguían a Jesús, se puntualiza que en la comunidad del

---

9 La palabra griega utilizada en Marcos 15.41 y en Lucas 8.3, *diakoneo*, significa servir o
ministrar como un diácono (Isaak 2006:1218).

10 Este «pequeño sumario es importante, no solamente porque las mujeres son incluidas,
sino también por la variedad de mujeres mencionadas» (Bock 1994: 145).

reino tienen cabida todas las personas y desaparecen los prejuicios sociales, religiosos y culturales. Este dato es bastante valioso si se tiene en cuenta que en la sociedad patriarcal del primer siglo las mujeres estaban consideradas como menos importantes que los varones. Su lugar era la casa y «su formación se limitaba al aprendizaje de los trabajos domésticos, coser y tejer particularmente; cuidaban también de los hermanos y hermanas pequeños» (Jeremias 2000: 453). Esto explica por qué, «al no tener acceso a la enseñanza, la formación de las mujeres se reducía al puro aprendizaje de las tareas domésticas» (Bautista 1993: 33).

Dentro de ese contexto, la misión liberadora de Jesús puso en tela de juicio las prácticas sociales, religiosas y culturales que devaluaban la dignidad humana de las mujeres:

> Estos versos tienen doble importancia [Lc 8.1–3]: a) Nos indican la obra de las mujeres en el apostolado del Señor: le asistían con sus bienes. Así sabemos cómo vivía Jesús y sus discípulos de las limosnas de estas piadosas mujeres. b) Los rabinos consideraban a las mujeres indignas de recibir la misma instrucción espiritual que el hombre (Jn 4.27). Jesús con su conducta eleva a la mujer al mismo nivel espiritual y moral del hombre. (Leal 1973: 143)

En nuestro contexto puede parecer poco significativo lo que Jesús produjo en el mundo patriarcal del primer siglo. Sin embargo, se debe resaltar que, en una sociedad acostumbrada a tratar a las mujeres como sobrantes, fue altamente revolucionario el solo hecho de aceptarlas como discípulas, viajar con ellas y dejar que sean colaboradoras y mensajeras en el mismo nivel que los discípulos varones (Bock 1994: 144). Se trataba de «un acontecimiento sin parangón en la historia de la época» (Jeremias 2000: 468). Así fue, en efecto, porque con su actitud y práctica liberadora, «Jesús cambia conscientemente la costumbre ordinaria al permitir a las mujeres que le siguiesen» (Jeremias 2000: 468).

De este pasaje lucano se deduce, además, que a Jesús no lo seguían solo los hombres, como los apóstoles, sino también las mujeres que habían sido liberadas de enfermedades o de posesión demoniaca, quienes lo ayudaban voluntariamente con sus recursos materiales. Las mujeres galileas fueron tratadas como iguales en la comunidad de Jesús, porque Él aceptó «a las mujeres en paridad con los varones»

(Bautista 1993: 40). Se subraya, por esa razón, que Jesús «no se contenta con colocar a la mujer en un rango más elevado que aquél en que había sido colocada por la costumbre [...] la coloca ante Dios en igualdad con el hombre» (Jeremias 2000: 468).

Jesús rompe así con las categorías sociales, culturales y religiosas de su tiempo que ninguneaban a las mujeres. En otras palabras:

> La actitud de Jesús frente a la mujer representa, por eso, una verdadera ruptura con esta deformación de su pueblo y con las categorías dominantes de su tiempo. Su comportamiento provocará reacciones de sorpresa y hasta de escándalo entre sus contemporáneos, incluso entre sus propios discípulos. (Gutiérrez 2004: 317)

De manera más precisa:

> Ellas son llamadas por Jesús de detrás de sus enfermedades, de sus opresiones, de su ignorancia y de sus bienes materiales para acceder a una nueva condición, cual es la de mujeres sanadas, liberadas e instruidas en la Palabra. Esto les da la posibilidad de seguir y servir a Jesús en el anuncio y proclamación del reino de Dios, adquiriendo así la calidad de discípulas y testigos. (Ramos 2003: 86)

Estas mujeres galileas fueron discípulas fieles, combativas, coherentes y comprometidas. Fueron «colaboradoras del Señor y testigos de su muerte y resurrección» (Leal 1973: 143). Estuvieron con Jesús hasta el final, acompañándolo al pie de la cruz, y siendo testigos y mensajeras privilegiadas de su resurrección.

La información que Lucas nos proporciona no es casual. Subraya en su evangelio el protagonismo visible que tuvieron las mujeres galileas en la comunidad de Jesús. Ellas fueron tanto beneficiarias de la misión liberadora de Jesús como pregoneras de la buena noticia del reino de Dios. Y las discípulas galileas respondieron con amor y gratitud, con acciones concretas de seguimiento y servicio, a lo que Jesús había hecho por ellas (Morris 1997: 165): ¡Las había liberado!

Lucas resalta que las mujeres galileas, desde el inicio del movimiento de Jesús, formaron parte de la comunidad de discípulos y fueron valoradas y tratadas como iguales (23.55). Jesús de Nazaret, a diferencia de los rabinos judíos y las escuelas rabínicas, además de aceptar mujeres como discípulas en clara oposición a las reglas socialmente aceptadas de ese tiempo, caminaba con ellas en lugares públicos y se relacionaba abiertamente con mujeres que tenían poder económico como Juana, así como con mujeres con una historia de opresión y desventajas como María Magdalena. Se puede afirmar, entonces, que:

> La venida de Cristo modificó de forma notoria no solo el papel de la mujer en la sociedad de su tiempo, sino también la forma de ver o percibir a la mujer. La mujer judía, respetada como madre, pero ausente de la vida pública, se encuentra con Jesús en una situación que es totalmente nueva para ella, porque Jesús la incorpora a su misión, y, con ello, la mujer puede salir del estrecho ámbito de la vida familiar, escuchar sus enseñanzas y seguirle en su itinerancia. (Bautista 1993: 52)

De esta práctica contracultural y antisistema de Jesús, única en su tiempo y paradigmática para todos los tiempos, se puede deducir que la comunidad de Jesús fue una comunidad horizontal en oposición a la sociedad piramidal de su tiempo. Fue una comunidad de iguales, niveladora e inclusiva sin retaceos.

Las discípulas galileas testigos de la crucifixión y resurrección

Los evangelios, unánimemente, subrayan un detalle significativo en la historia sobre el arresto, el juicio, la crucifixión y la resurrección de Jesús: las mujeres estuvieron presentes en estos momentos cruciales (Issak 2006: 1249). Para el caso del tercer evangelio, los pasajes claves relacionados con la presencia de las discípulas galileas en la crucifixión y resurrección de Jesús son Lucas 23.49, 55–56 y 24.1–12. En los relatos lucanos se destaca que estas mujeres, desde Galilea, habían seguido a Jesús y que en ningún momento lo abandonaron, permaneciendo al pie de la cruz y siendo las primeras testigos y mensajeras de su resurrección (Morris 1997: 362). Las discípulas galileas desafiaron así los prejuicios de la sociedad judía y las leyes del Imperio romano que sancionaban drásticamente a las personas que se identificaban públicamente con un crucificado.

Como se ha señalado previamente, las discípulas galileas permanecieron al lado de Jesús hasta el final y fueron las primeras que lo vieron resucitado. Estas mujeres liberadas y combativas fueron las primeras testigos y mensajeras de la resurrección de Jesús, es decir, «las primeras misioneras de iglesia» (Isaak 2006: 1249). Con esta referencia a las discípulas galileas (23.49, 55–56; 24.1–12), Lucas retoma y subraya nuevamente la importancia que Dios da a los indefensos y a los menospreciados del mundo y enfatiza el nuevo lugar que tienen estas personas en su reino.

Particularmente, la referencia a las mujeres galileas en Lucas 24.1–12 indica que el reino de Dios es un reino al revés y que los ninguneados del mundo son empoderados. Mateo, Marcos y Juan están de acuerdo con él: las mujeres son las primeras testigos y mensajeras de la resurrección de Jesús, las primeras que testificaron que la vida había vencido a la muerte. Incluso, con este detalle, se nos recuerda una vez más la importancia que Dios les da a quienes son postergados, puestos a un lado o invisibilizados en las sociedades humanas asimétricas. Este es un tema crítico y actual, que se resalta más todavía cuando Lucas registra que a los discípulos les pareció no solo una exageración (¡cosa de mujeres!), sino una locura y un despropósito, un desvarío y una falta de lucidez que las mujeres galileas afirmaran, sin titubeos, que Jesús había resucitado (24.9–11). ¡Los discípulos varones no les creyeron por ser mujeres! Cabe aquí entonces una pregunta crítica: ¿Qué hubiera sido de la fe cristiana si las mujeres se hubiesen quedado calladas o si la tozudez de los discípulos varones las hubiera amordazado para que no publicaran que Jesús había resucitado? Pero, gracias a Dios, no fue así. Las mujeres galileas no se callaron y se convirtieron en apóstoles de la resurrección, pregoneras privilegiadas del triunfo de la vida sobre la muerte y embajadoras de la buena noticia acerca de Jesús.

Las lecciones pastorales, teológicas y misionales

Las mujeres galileas destacan por su compromiso público con Jesús (8.1–3), por su fidelidad hasta las últimas consecuencias (23.49, 55–56), por los riesgos que tuvieron que enfrentar cuando fueron a la tumba de Jesús (24.1) y como testigos y pregoneras privilegiadas de la buena noticia de la resurrección de Jesús (24.9–11). A ellas se les encomendó que dieran testimonio de que la vida, y no la muerte, tiene la última palabra en la historia, es decir, que el Dios de la Biblia es el Dios de la vida.

Las mujeres galileas insertadas en el movimiento de Jesús fueron pasando, entonces, de invisibilizadas a protagonistas, de excluidas a respondonas, de descartables a discípulas. Esta es una realidad que Lucas en su evangelio puntualiza insistentemente, destacando que la buena noticia de salvación fue desmantelando paso a paso las estructuras de opresión de la sociedad estamental y patriarcal que tenía a las mujeres como menos importantes, como sobrantes, como ripio social o como artículos accesorios. El autor del tercer evangelio, al darles voz y ponerlas como protagonistas en la historia de Jesús, además de resucitarlas socialmente, valoró su dignidad como creación de Dios y reconoció su condición de sujetos en pie de igualdad con los hombres.

Es especialmente importante acentuar el esmero que Lucas tiene en su evangelio por visibilizarlas sin tapujos, situándolas en el centro de las historias que registra, dejando que hablen con palabras y con gestos que dan testimonio de que habían sido liberadas integralmente de todas las opresiones que las cosificaban y deshumanizaban. Las mujeres lucanas, las galileas respondonas, son una clara señal de la presencia del reino de vida en las sociedades humanas, reino de vida que revierte el destino de los ninguneados del mundo y que visibiliza el propósito de justicia y libertad plenas del Dios de la vida.

Las mujeres lucanas, las discípulas galileas, son señales visibles de la presencia del reino de Dios que acoge a todos, transforma todo y libera integralmente para disfrutar en la cotidianidad de todas las relaciones humanas de su justicia que él concede como una gracia. Las mujeres lucanas dan cuenta, además, que la comunidad de Jesús fue, y tiene que ser siempre, una comunidad de iguales, horizontal, niveladora, radicalmente distinta y distante en sus valores y estilo de vida de la sociedad estamental circundante; una comunidad de mujeres y hombres liberados de toda forma de violencia visible o encubierta, como señal y signo patente del reinado de Dios, dentro de las distintas realidades humanas.

Habría que subrayar, entonces, vez tras vez, siguiendo la vereda teológica del evangelio lucano y, particularmente la composición social y el estilo de vida del movimiento de Jesús, que la fe evangélica no puede justificar ni legitimar nunca ninguna forma de violencia en contra de las mujeres, como tampoco avalar prácticas machistas que desfiguran la dignidad y el valor de las mujeres como imagen de Dios, coherederas del reino y embajadoras del evangelio de paz y de justicia. Dios es vida, y toda práctica de muerte es contraria a su voluntad. Las mujeres evangélicas de hoy, como las mujeres galileas de ayer, tienen que caminar en la vereda de la vida, y decirle NO a todas las violencias.

Capítulo 2

Mujeres, sociedad y política

María de Galilea como paradigma de espiritualidad integral

*Vamos, pues, a pedir a María que nos hable
y nos haga preguntas que vienen de una mujer
que sabe lo que es la entrega a Dios, el discipulado y el sacrificio.
Una mujer que sabe lo que es ser sencilla,
pobre y de una comunidad de base.
Dejemos que ella refrende nuestro estilo de hacer teología.
María, a fin de cuentas, es una de esas mujeres
de entre nosotros, que dicen las cosas con gracia,
pero no por eso dejan de decirlas.* (Steuernagel 2006: 31)

Introducción

Poco se ha escrito desde una perspectiva evangélica acerca del papel de la mujer —de las mujeres— como personaje público y, consecuentemente, como artesana de una manera distinta de comprender y expresar la experiencia humana en sus múltiples dimensiones. Este vacío, con toda seguridad, se debe a la mentalidad patriarcal predominante en nuestras sociedades machistas (e iglesias), cuya resultante ha sido ningunear, invisibilizar y atropellar a las mujeres. Sin embargo, ellas, con sus voces y silencios, gestos y palabras sin mordaza, fueron forjando historias de vida y modelos de presencia pública, lamentablemente no siempre registrados, pero que quedaron en la memoria colectiva y en la historia oral o escrita.

Desde el ángulo religioso de la vida, se puede afirmar que una de estas mujeres es María de Galilea, la joven campesina que se atrevió a confiar en Dios, rompiendo así con la estructura patriarcal de su tiempo que condenaba a las mujeres al silencio y al anonimato. A pesar de la escasa y dispersa información que se tiene sobre ella, los datos del Nuevo Testamento permiten reconstruir, así sea al paso o entre líneas, su papel como paradigma de espiritualidad cristiana completa, como modelo de persona íntegra e integral.

Las palabras y los gestos de María, que los evangelios de Mateo y Lucas registran, son de mucha ayuda para pensar en el papel de la mujer —las mujeres— en la sociedad y la política, incluso en sociedades como la judía y la grecorromana del primer siglo en las que ser mujer implicaba no tener derechos ni ser considerada y tratada como ciudadana. María de Galilea, encarando y desafiando al mundo patriarcal de su tiempo, fue capaz de sembrar novedad de vida y expresar públicamente, con sus palabras y sus gestos, quién era Dios para ella: Dios de la historia, de la vida y la justicia, Dios que revierte el destino de los ninguneados del mundo.

Bajo el paraguas de la historia de vida de María de Galilea, reflexionaremos en el papel de la mujer —las mujeres— en la sociedad y la política. Nos concentraremos, especialmente, en su papel como paradigma de espiritualidad integral; una espiritualidad que, partiendo de la afirmación de que el evangelio es una verdad pública, exige confesar y vivir esa verdad en todas las dimensiones de la experiencia humana y, entre ellas, la vida social y política. A la luz de las palabras y los gestos de María de Galilea, se puede construir una vereda teológica sólida sobre la que se afirme la presencia de los creyentes en el espacio público o, expresado de otra manera, en la sociedad y la política.

María de Galilea

De María, la joven campesina galilea que aceptó ser la madre del Mesías, se tiene poca información en el Nuevo Testamento. Se la menciona directamente en los evangelios y en Hechos de los Apóstoles e, indirectamente, en dos de las cartas paulinas.[11] Sin embargo, a pesar del papel protagónico de esta campesina galilea en la historia de la salvación, llama la atención la información breve y dispersa sobre su vida personal y familiar, su militancia en la comunidad de Jesús y su compromiso con el anuncio de la buena noticia de salvación.

Llama la atención especialmente porque se trata de una mujer creyente excepcional, dispuesta siempre a la obediencia y al riesgo que esa obediencia exigía, y que llevó en su vientre y educó en la fe judía piadosa al Mesías Jesús de Nazaret. ¿Cuál sería la razón para no registrar más información sobre María de Galilea? ¿La razón de fondo descansa acaso en la mentalidad y práctica patriarcal predominante del primer siglo que ninguneaba y condenaba al anonimato y al ostracismo social a las mujeres?

Teniendo en cuenta la información escasa y dispersa que se tiene sobre ella en el Nuevo Testamento, una pregunta que brota directamente, relacionada con la invisibilidad de María de Galilea, es la siguiente: ¿se puede reconstruir su papel como creyente, madre, discípula, testigo de la buena noticia de salvación y paradigma de espiritualidad integral, con en esta información escasa y dispersa que se tiene sobre ella? Para responder esta interrogante, se debe considerar que la disposición, la entrega, el compromiso y la militancia de María tienen lecciones valiosas para las iglesias y los creyentes de todos los tiempos. Esta es razón suficiente para indagar sobre ella en los documentos del Nuevo Testamento que registran aspectos significativos de su historia de vida como creyente, madre, discípula, testigo de la buena noticia de salvación y paradigma de espiritualidad integral.

A los evangélicos nos haría bien reflexionar sobre el papel de María como creyente, madre y discípula, particularmente porque, debido a la polémica histórica con la Iglesia Católica Romana sobre su doctrina acerca de ella y especialmente sobre la mariolatría tan arraigada en América Latina, hemos dejado a un lado el testimonio del Nuevo Testamento sobre la madre de Jesús. Así, nos hemos limitado a

---

[11] Al respecto, se precisa que «El apóstol Pablo no nombra a María en carta alguna, pero hace algunas referencias ocasionales al nacimiento de Jesús (Ro 1.3–4; Gá 4.4–5), y otras más generales al modo de ese nacimiento (Gá 4.28–29)» (Brown-Donfried-Fitzmyer-Reumann 1994: 21).

citarla solo como un personaje central en las historias del nacimiento del Mesías registradas por Mateo y Lucas o nos hemos referido a ella simplemente como una mujer extraordinaria o virtuosa.

Haríamos bien en examinar lo que se afirma sobre María en los evangelios y en Hechos de los Apóstoles y pensar en las lecciones teológicas, pastorales y misionales que se derivan de esta información sobre la joven campesina galilea que, en obediencia y entrega sin reservas a la voluntad de Dios, traza un camino de compromiso, integridad y coherencia que se expresa en un discipulado que se va afinando y galvanizando en la cotidianidad de la vida.

De María de Galilea se puede afirmar que es «bendita entre las mujeres» (Lc 1.42), no por «su embarazo ni por una santidad intrínseca o mérito alguno, sino porque a través de ella el propósito salvífico de Dios se fue cumpliendo» (Martin 1992: 526). María de Galilea, la adolescente campesina que confió plenamente en el Dios de su pueblo y que le ofreció su vientre como ofrenda de compromiso, traza un camino de fe y obediencia que todos deberíamos seguir. No se trata de situarla como un personaje único, excepcional o inimitable, sino de imitar su ejemplo de desprendimiento, obediencia, coherencia de vida y entrega sin reservas a Dios. ¿No es acaso este el camino que todos, sin excepción, deberíamos seguir en todas las dimensiones de la vida?

Una mujer creyente

Sobre la vida personal de María de Galilea sabemos que estaba desposada o comprometida en matrimonio con José (Mt 1.18; Lc 1.27),[12] judío justo y piadoso (Mt 1.19); es decir, un verdadero creyente, descendiente del rey David (Lc 1.27). Aparte de estos datos generales, no se tiene ninguna otra información adicional en el Nuevo Testamento sobre su trasfondo familiar o sus primeros años de vida.

De la información que Lucas proporciona, sabemos que María era de Galilea, la región más pobre y olvidada de Palestina, y que ella también tenía escasos recursos económicos, tal como se desprende de la ofrenda

---

[12] María, según la costumbre de su tiempo, no tenía más de trece años, porque la «edad normal de los esponsales para las jóvenes era entre los doce y los doce años y medio […]» (Jeremias 2000: 455).

que ella y su esposo llevaron al templo el día de la presentación de Jesús (Lc 2.24). Basados en esta información se puede afirmar que María fue una joven campesina galilea, pobre y creyente, siempre dispuesta a la obediencia. En otras palabras, fue triplemente marginada debido a su condición de mujer, su origen galileo y su situación de pobreza.

Acerca de su condición de creyente, no sabemos las razones particulares por las que Dios en su soberanía y providencia escogió a esta campesina galilea para que sea el instrumento humano mediante el cual se iba a cumplir su promesa de liberación. Sin embargo, las palabras de María, tanto en el diálogo con el mensajero celestial enviado para comunicarle que sería la madre del Mesías (Lc 1.26–38) como en el *Magnificat* (Lc 1.46–55), dan cuenta de que se trataba de una joven consagrada y piadosa dispuesta a obedecer la voluntad de Dios, incluso conociendo los riegos sociales, culturales y religiosos de esa obediencia, como el estigma de ser madre soltera o el escándalo social de ser una mujer sospechosa de adulterio.

Como se ha mencionado, Dios, en su soberanía y providencia, escogió a María, una campesina galilea, para que fuera la madre del Mesías, lo cual subraya que la salvación llega desde un lugar humilde: la oscura aldea de Nazaret, ubicada en la despreciada región de Galilea, fuera de Jerusalén, que era la capital de Palestina y el centro religioso y político del mundo judío. El medio humano que Dios ha escogido para hacerse Hombre, para encarnarse, es una joven campesina que, como las otras mujeres de su tiempo, sufría los efectos de la marginación social, cultural y religiosa. Sin embargo, María, como creyente, confía, espera y está abierta a la intervención de Dios en el seno de la historia, como después lo expresó ella misma en su cántico de acción de gracias conocido como el *Magnificat* (Lc 1.46–55). Esta creyente campesina pobre, dispuesta a una obediencia incondicional, le creyó al mensajero celestial y voluntariamente ofreció su vientre a Dios: «He aquí la sierva del Señor; hágase conmigo conforme a tu palabra [...]» (Lc 1.38).[13]

Sin embargo, estos no fueron los únicos momentos en los que emergió o afloró la condición de creyente piadosa, fiel y comprometida

---

[13] En otras palabras: «Su reacción en el relato de la infancia, cual la describen 1.38, 45; 2.19, 51, es de humildad, aceptación y obediencia» (Brown-Donfried-Fitzmyer-Reumann: 1994: 151).

de María. Hasta en dos ocasiones, Lucas se refiere a que María meditaba en todo lo relacionado con la naturaleza divino-humana de su Hijo. Lucas menciona que, en el momento en que los pastores de Belén se encuentran con el Mesías acostado en un pesebre y cuentan todo lo que les había acontecido con los mensajeros celestiales, «María guardaba todas estas cosas, meditándolas en su corazón» (Lc 2.19). ¿Sobre qué exactamente meditaba ella? ¿Acaso sobre la naturaleza divino-humana del niño y acerca de su futuro como el Mesías anhelado y evocado por los piadosos de Israel?

Años después, cuando Jesús tenía doce años y sus padres lo buscaron en Jerusalén hasta encontrarlo y dijo que estaba ocupado en los negocios de su padre (Lc 2.49), Lucas reiteró lo mismo sobre la actitud reflexiva creyente de María: «Y su madre guardaba todas estas cosas en el corazón» (Lc 1.51). ¿Qué habrá pensado ella, como mujer y madre, cuando el anciano Simeón le habló del presente y del futuro del Mesías afirmando lo siguiente: «… y una espada traspasará tu misma alma […]» (Lc 2.35)? ¿Se refería Simeón a la muerte de Jesús en la cruz y al sufrimiento y al dolor que María tendría, como madre, viendo a su hijo padecer de una horrenda muerte?

La condición de creyente piadosa, fiel y comprometida de María se nota también cuando ella y su esposo José cumplen responsablemente con todas las exigencias de la fe judía en cuanto a la presentación o dedicación de los niños (Lc 2.21–24) y la celebración de la pascua (Lc 2.41–42). La misma actitud se observa cuando en la celebración de unas bodas en Caná de Galilea, María expresa: «Haced todo lo que os dijere» (Jn 2.5), manifestando así que ella, la madre, reconoce y obedece la autoridad del Mesías. De igual forma, la presencia de María en el aposento alto, junto con los discípulos, sus otros hijos y las mujeres galileas (Hch 1.14), indica que ella esperaba también el cumplimiento de la promesa del descenso del Espíritu, tal como lo había prometido Jesús (Lc 24.49).

En suma, La experiencia concreta de María como creyente, una campesina de Galilea, región despreciada por los judíos piadosos de Jerusalén (Jn 1.46; 7.41, 52; Hch 4.13), muestra que Dios en su misión de salvación quiebra los patrones sociales y culturales de marginación y exclusión. Dios va a contracorriente de los valores y de las prácticas de marginación y exclusión sobre los cuales se sostienen las sociedades asimétricas, opresivas y deshumanizantes. Así lo afirmó María, una mujer marginada, cuando cantó sobre la transformación social, política y económica radical que acompaña la intervención poderosa de Dios en el seno de la historia (Lc 1.51–53). Y fue consecuente, pues estuvo hasta el final con el Mesías y esperó confiadamente, con los otros discípulos y las mujeres galileas, el cumplimiento de la promesa del Espíritu de empoderarlos para cumplir con la misión de proclamar la buena noticia de salvación en todas las avenidas del Imperio romano (Jn 19.25; Hch 1.14).

Una madre ejemplar

Los evangelios de Mateo y Lucas son los únicos que registran información directa y precisa sobre el papel de María como la madre del Mesías Jesús de Nazaret (Mt 1.18–25; 12.46–50; Lc 2.26–38, 39–52; 8.19–21). Marcos solo se refiere a María como la «madre» de Jesús (Mr 3.31), sin mencionar directamente su nombre, aunque en otro momento sí lo hace: «¿No es éste el carpintero, hijo de María [...]?» (Mr 6.3). Juan, por su parte, expresa lo siguiente sobre María: «Estaban junto a la cruz de Jesús su madre [...]» (Jn 19.25).

De la información que se tiene sobre el papel, la disposición, la entrega, la obediencia y la responsabilidad de María como madre, se resaltan cinco momentos claves que moldean su vida ejemplar.

Destaca, en primer lugar, su disposición, confianza, entrega y obediencia a la voluntad de Dios. María, voluntariamente, estuvo dispuesta a ser madre soltera y sospechosa de adulterio, aceptando todos los riesgos para su seguridad física, su integridad moral y su honor como mujer piadosa en la sociedad patriarcal de su tiempo:

> María de Nazaret acepta el reto de ser madre soltera a los ojos de la sociedad, dada la posibilidad de que su futuro esposo la rechazara por estar embarazada. Con ello acepta también la posibilidad de ser apedreada por convertirse en adúltera, al estar embarazada antes de casarse. (Tamez 2003: 29)

Acerca de esta decisión de María, Mateo expresa en su evangelio lo siguiente: «[...] María, de la cual nació Jesús, llamado el Cristo» (Mt 1.16). Lucas, en cambio, subraya la disposición y entrega confiada de María para ser madre, precisando que ella voluntariamente le ofreció el vientre a Dios: «He aquí la sierva del Señor; hágase conmigo conforme a tu palabra» (Lc 3.8). Estas palabras acentúan su calidad de creyente dispuesta a la obediencia, entre otras razones, porque pedir:

> ... el vientre no es poca cosa. Pero ofrecer el vientre es algo muy grande [...]. María, la mujer, entrega lo más precioso que tiene: su vientre virgen. (Steuernagel 2006: 38)

En segundo lugar, destaca su condición de madre abnegada, dispuesta a una vida de sacrificios, acompañando hasta el final a su hijo. María tuvo que desplazarse forzadamente con su esposo José para evitar que su hijo fuera asesinado (Mt 2.13–18), vivió en el exilio asumiendo todos los problemas de permanecer en tierra extraña (Mt 2.19–21) y tuvo que regresar nuevamente a Galilea para establecerse en la aldea de Nazaret (Mt 2.22–23). Además, acompañada de las otras mujeres galileas, estuvo al pie de la cruz, viendo a su amado hijo sufrir la muerte cruel a la que había sido condenado (Jn 19.25).

Destaca, en tercer lugar, su condición de madre creyente ejemplar. Lucas, en su evangelio, es quien enfatiza esta dimensión de madre creyente respecto a María. En tres momentos se resalta esta característica. Ella con su esposo José son creyentes piadosos, fieles, comprometidos con Dios, que cumplen escrupulosamente todo lo establecido en la ley. La condición de madre creyente de María se expresa, por ejemplo, tanto en el momento en que presentan al niño en el templo de Jerusalén (Lc 2.21–23, 39) como en las ocasiones en las que iban a Jerusalén para la Fiesta de la Pascua (Lc 2.41). De acuerdo con Lucas, María y su esposo José «Iban [...] todos los años a Jerusalén en la fiesta de la pascua» (Lc 2.41). La condición de madre creyente, piadosa y fiel de María se puntualiza, además, en la parte en que Lucas registra que, siguiendo la costumbre judía de presentar en sociedad al hijo, «cuando tuvo doce años [Jesús], subieron a Jerusalén conforme a la costumbre de la fiesta» (Lc 2.42).

En cuarto lugar, destaca su papel como madre que modela al hijo con su ejemplo de vida, tal como se resalta en los viajes anuales que hacían como familia a Jerusalén para la Fiesta de la Pascua (Lc 2.41) y para cumplir con todo lo estipulado en la ley (Lc 2.42). La vida modeladora de madre creyente de María se registra también en la mención o referencia que Lucas hace en su evangelio sobre el ambiente familiar en el que Jesús creció y fue formado (Lc 2.39–40, 51–52). La influencia del ambiente familiar en el que el Mesías fue criado y formado para la vida se nota también en la mención que Lucas hace acerca de la práctica de Jesús de asistir fielmente a la sinagoga los días de descanso: «Vino a Nazaret, donde se había criado; y en el día de reposo entró en la sinagoga, conforme a su costumbre, y se levantó a leer» (Lc 4.16).

Finalmente, la condición de madre ejemplar de María de Galilea se destaca cuando se describe su presencia al pie de la cruz acompañando hasta el final a su hijo (Jn 19.25). Quizá en ese momento trágico y doloroso para ella, como mujer y madre creyente, María recordaría las palabras del anciano Simeón: «… una espada traspasará tu misma alma […]» (Lc 2.35) sobre el sufrimiento que experimentaría en carne propia viendo morir al hijo que había llevado en el vientre, cuidado y formado con su ejemplo. Tuvo que comprender y aprender, tal vez, lo siguiente:

> Con la figura de una espada atravesando el alma de María, Lucas describe presumiblemente el difícil proceso por el que aprende que la obediencia a la palabra de Dios trasciende a los lazos familiares. (Brown, Donfried, Fitzmyer y Reumann 1994: 156)

María fue una madre ejemplar. Desde el momento en que voluntariamente aceptó ser la madre del Mesías, durante los años que crio y formó a quien tenía una misión única en la vida (Mesías que en la cruz y con su resurrección venció a la muerte y el pecado), hasta el tiempo de dolor que tuvo que experimentar al pie de la cruz, se nota esta característica de María: modelo y ejemplo de madre creyente.

Una discípula consecuente

El papel de María de Galilea, como discípula, testigo y mensajera del amor y la justicia de Dios, se resalta en varios pasajes. Su cántico de acción de gracias, liberador y nivelador, conocido como el *Magníficat*,[14]

---

[14] El título de este cántico procede de las palabras iniciales de la versión latina o Vulgata de Lucas 1.46: *Magníficat ánima mea Dominum* (*Engrandece mi alma al Señor*).

puede ser considerado como un primer momento en el que aflora el papel de María como discípula, testigo y mensajera. Ella es una «intérprete de la acción salvífica de Dios» (Scholer 1992: 885). En este bello canto expresa su comprensión de Dios como Dios que libera y desmantela todas las situaciones de injusticia.[15] Según John Yoder:

> No es importante [...] saber la clase de fuente literaria sobre la que se apoya Lucas, ni la clase de fuente litúrgica sobre la cual pudo haberse apoyado María. En este testimonio del evangelio se nos dice que aquel cuyo nacimiento se nos anuncia va a ser agente de cambio social radical. Las preocupaciones de aquellos que esperan la consolación de Israel, que él hará suyas, no son cúlticas ni doctrinales y, por lo tanto, tampoco son, en sentido estricto, preocupaciones religiosas: él viene a quebrar la esclavitud de su pueblo. (Yoder 1985: 27–28)

¿Cuál fue entonces el testimonio y el mensaje de María en el *Magnificat*? Ella afirma que el Dios de la vida, Dios en el cual ha depositado su esperanza, invierte la realidad tanto en su plano social y político como económico. Afirma que el Dios de la vida tiene predilección por los pobres y los marginados del mundo. Asevera que la pirámide del poder será invertida radicalmente por la intervención poderosa de Dios que desacomoda a los acomodados y forja una comunidad de iguales.

La condición singular de María, como discípula, testigo y mensajera de las buenas nuevas de salvación, se percibe también en su presencia militante y provocadora al pie de cruz. ¿Cuál fue la razón de esta presencia militante y provocadora? En palabras de Elsa Tamez:

> ... estaba con otras mujeres bajo la cruz, desafiando el peligro de ser encarcelada por estar cerca de su hijo, considerado

---

[15] En una nota al pie de página, autores católicos romanos y luteranos en un trabajo conjunto, mencionan lo siguiente con respecto a este asunto: «El equipo no aceptaba la tesis de que los himnos fuesen de origen no cristiano, por ejemplo, que el Magnificat hubiera sido un himno sobre Juan el Bautista (en asociación a la lectura: *E Isabel dijo*, de 1.45), o que tanto el Magnificat como el Benedictus fueran himnos judíos, más especialmente, himnos guerreros macabeos» (Brown, Donfried, Fitzmyer y Reumann 1994: 140). Pierre Grelot afirma lo mismo: «No hay razones de peso para afirmar que los textos en cuestión eran cánticos judíos utilizados y *actualizados* por los cristianos» (Grelot 1987: 1990).

> indeseable a los ojos del poder dominante, religioso y político. Ella es una mujer valiente que vive y se muestra a contracorriente en una sociedad ocupada militarmente por fuerzas extranjeras. (Tamez 2003: 36)

María no desconocía esta realidad. Sabía a qué se enfrentaba y los riesgos que su coraje y valentía, acompañando a su hijo hasta el final, implicaban para su seguridad e integridad física. Demuestra así que es una discípula fiel y que está dispuesta a ofrendar su vida en lugar de callar o acomodarse a las circunstancias. Se convierte así en modelo de testigo fiel y mensajera ejemplar en una realidad de muerte y violencia.

Además, su condición de discípula, testigo y mensajera se acentúa claramente cuando está con la comunidad de Jesús en el aposento alto, participando en la oración común y esperando el cumplimiento de la promesa del Espíritu. María es una discípula fiel, es decir, testigo y mensajera de la crucifixión y resurrección de aquel que ha vencido a la muerte y a la violencia:

> Su presencia entre los once en los albores de la iglesia (Hch 1.14) tiene el mismo significado: discípula de su Hijo, ella se encuentra en medio de la comunidad que reúne a sus seguidores. (Gutiérrez 2004: 332)

La práctica creyente de María, su calidad de discípula fiel, su condición de testigo y mensajera insobornable interpela y desacomoda. Interpela porque su ejemplo exige que seamos coherentes y consecuentes en todo tiempo. Desacomoda porque invita a un seguimiento que ante nada y nadie se detiene, y que es capaz de encarar las situaciones más difíciles con una fe inquebrantable que jamás se vende o se subasta ante ningún señor temporal. María de Galilea: ¡creyente, madre y discípula!

Una espiritualidad integral

María de Galilea representa un bello ejemplo de coherencia, integridad y fidelidad en el seguimiento al Dios de la vida. Ella perfila, con su ejemplo de vida y sus palabras, un modelo de espiritualidad integral en la que se conjugan de manera coherente su condición de mujer, madre, discípula y anunciadora del reino de vida del Dios de la vida que se expresa visiblemente en su cántico de liberación: El *Magnificat*.

La lección de vida de María de Galilea que brota de su compromiso con Dios, desde el momento en el que acepta llevar en su vientre al Mesías hasta su permanencia al lado de su hijo en el momento trágico y doloroso de la crucifixión y su confianza en el cumplimiento de la promesa del envío del Espíritu, indican que su fe fue madurando en la cotidianidad del seguimiento a Jesús el galileo en las luces, sombras y penumbras del peregrinaje humano.

De la fe inquebrantable de María, de su forma peculiar de hacer teología en el camino, de su calidad ejemplar de discípula, de su condición de madre creyente abnegada y valiente, se afirma lo siguiente:

> … traigo a nuestra memoria la persona de María, esa teóloga que, como mujer, entrega a Dios su vientre, el lugar más íntimo de la fertilización de la vida. Mujer que lucha intensamente para entender a su hijo y no vivir la fe con desesperación. Mujer que llora de confusión rebelde pero no deja de caminar hacia los pies de la cruz de aquel que es precisamente su hijo. Mujer que hace teología sobre la marcha. Mujer que no consigue dejar de pensar su fe a partir de su vocación y cuya vocación determina su teología. Mujer cuyas opciones de vida se convierten en los mejores capítulos de una teología vital. (Steuernagel 2006: 18)

María la creyente, dispuesta siempre a la obediencia, traza un modelo de confianza sin reservas y de entrega absoluta de la vida al servicio del propósito salvífico de Dios. Ella estuvo dispuesta a ofrecerle a Dios uno de los bienes más preciados y sagrados que tiene una mujer: su vientre virgen. Estuvo dispuesta a sufrir la vergüenza pública de ser madre soltera en la sociedad patriarcal de su tiempo y de ser sospechosa de adulterio o de una conducta moral indeseable. Este fue un problema que, aparentemente, la acompañó buena parte de la vida, tal como se desprende de la acusación y reproche que le hicieron públicamente a Jesús: «Nosotros no somos nacidos de fornicación» (Jn 8.41). Las mujeres de hoy, creyentes coherentes, íntegras y fieles, tienen en María un modelo y ejemplo, sean o no madres solteras, o mujeres que sufren diversas formas de violencia en el interior o fuera del círculo familiar y religioso.

Como María en el *Magnificat*, pueden proclamar con gratitud y alegría la salvación del Dios que libera y que provoca un canto liberador que nadie puede silenciar, amordazar o secuestrar. Ellas pueden decir con María: «He aquí la sierva del Señor; hágase conmigo conforme a tu palabra» (Lc 1.38). Acerca del contenido y el alcance liberador del *Magnificat*, se acota lo siguiente:

> En el núcleo del Magnificat contrastan la diversa suerte de los orgullosos/poderosos/ricos y de los humildes/hambrientos: los primeros son dispersados, derribados y despedidos hambrientos, mientras que los segundos son exaltados y saciados (1.51–53). En los tres evangelios sinópticos se dirige Jesús a los descastados; pero Lucas pone especial énfasis en los marginados, los aplastados, pecadores, mujeres, viudas y samaritanos [...]. (Brown, Donfried, Fitzmyer y Reumann 1994: 141).

En este canto María afirma que la pirámide del poder será invertida radicalmente por la intervención poderosa de Dios. Esto puede explicar por qué se subraya que el *Magnificat* es uno de los textos de mayor contenido liberador y político del Nuevo Testamento (Gutiérrez 1988: 317). Y es así, entre otras razones, porque el *Magnificat*, en su contenido y alcance liberador, visibiliza no solo la fe de María, sino además su comprensión de una espiritualidad integral que no separa en compartimientos estancos lo privado de lo público, la religión de la vida cotidiana, lo espiritual de lo material.

María, como madre ejemplar, fiel, responsable y creyente, representa un modelo de vida sazonado con un amor que acompaña hasta el final a quien uno ha llevado en el vientre, criado y formado para que cumpla responsablemente con la misión para la que ha sido destinado. María es madre que guarda en la memoria las experiencias extraordinarias que ha tenido (Lc 2.19, 51), que sabe cuál es el destino de su hijo, y que comprende que la alegría y el dolor, así como la cruz y la resurrección, son parte de la vida (Jn 19.25; Hch 1.14). María es madre que, aunque en ocasiones no comprende la tarea y el destino de su hijo porque piensa que está fuera «de sí» (Mr 3.21) o que piensa que sus sugerencias son totalmente aceptables para el hijo («no tienen vino», Jn 2.3), está dispuesta a aprender y a aceptar la voluntad del Padre: «Haced todo lo que os dijere» (Jn 2.5). Aprender y desaprender para seguir creciendo como mujer, como madre, como miembro de una familia, parece ser la lección que se desprende del ejemplo de María de Galilea como madre.

María de Galilea es discípula que diariamente, en el camino de la obediencia, va perfilando su comprensión del amor y la justicia de Dios. Es discípula dispuesta a ofrecer su vida. Es discípula que aprende y desaprende en el largo y complejo camino del peregrinaje humano. María es discípula que al pie de la cruz confiesa que la lealtad y la fidelidad, la estabilidad de una fe que madura en las experiencias difíciles que se viven, se afirman en la coherencia e integridad con las que se enfrentan las encrucijadas de la vida.

María de Galilea es discípula que, en comunión con otros discípulos, aprende a esperar y confía en que Dios cumplirá finalmente su promesa de empoderar a los crucificados del mundo para que sean testigos-mártires de la buena noticia de salvación en todas las esquinas y avenidas de la ciudad (*polis*), dentro y fuera de la frontera religiosa, y especialmente en la plaza pública tan necesitada de personas ejemplares como María de Galilea (Hch 1.14).

María es un paradigma de espiritualidad integral que desafía a ser creyentes comprometidos con la vida y la justicia, creyentes que no separan la ciudadanía celestial de la ciudadanía terrenal; creyentes que viven su fe en el Dios de la vida en todas las esquinas del peregrinaje humano común y en la cotidianidad de sus relaciones, especialmente con los pobres de la tierra.

Capítulo 3

María de Magdala[16]

Discípula y apóstol

*María Magdalena era una mujer valiente. Aparece como la líder
de las mujeres porque casi siempre está con otras y es ella
la que habla por las demás. Cuando crucificaron a Jesús,
ella y otras mujeres se atrevieron a salir del escondite (cf. Jn 20.19)
donde estaban los discípulos y se fueron a ver qué hacían
con el cuerpo de Jesús. Ellas desafiaron el riesgo que esto suponía.*
(Tamez 2003: 95)

Introducción

Aunque las mujeres representan un alto porcentaje de la composición social de las iglesias evangélicas en América Latina y el Caribe de habla hispana, no siempre están consideradas en el mismo nivel que los hombres en la toma de decisiones, la práctica de la misión y el gobierno local, regional o nacional de las estructuras religiosas de las que forman parte. En la mayoría de los casos están invisibilizadas, subordinadas, dependientes o tienen ocupaciones periféricas.

---

[16] «María Magdalena. Este nombre probablemente deriva de la ciudad galilea de Magdala» (Smalley 2003a: 860). Se subraya, además, lo siguiente: «Evidentemente María Magdalena era oriunda de esta ciudad o región [de Galilea]» (Smalley 2003b: 830).

La razón de este ninguneo y desconsideración hacia las mujeres descansa, por un lado, en la mentalidad patriarcal y el machismo resultante de esa mentalidad y, por otro, en la pérdida de memoria colectiva acerca del protagonismo de las mujeres en la comunidad de Jesús y en la vida y misión de las primeras comunidades cristianas, tal como se atestigua en el Nuevo Testamento.

En relación con este asunto crítico, no aceptable todavía para pastores y teólogos que tienen una opinión distinta sobre la presencia y participación de las mujeres en el liderazgo visible de las iglesias, se puntualiza que:

> En la iglesia primitiva [...] no existía distinción alguna entre los ministros con dedicación exclusiva y los laicos, en cuanto a la responsabilidad de propagar el evangelio por todos los medios posibles. Y tampoco había diferencia alguna entre los sexos en lo relativo a este asunto. Era axiomático que cada cristiano estaba llamado a ser un testigo de Cristo, no sólo con su vida, sino también con su palabra. Todos tenían que ser apologistas, por lo menos hasta el punto de estar dispuestos a dar buena cuenta de la esperanza que había en ellos. Y esto incluía enfáticamente a las mujeres, quienes tenían una parte muy importante que desempeñar en la propagación del cristianismo. (Green 1979: 31–32)

Particularmente, sobre el protagonismo de las mujeres en las primeras comunidades cristianas se sostiene lo siguiente:

> En la búsqueda de esta prominencia de las mujeres podemos remontarnos hasta el ministerio de Jesús, quien atrajo a muchas de ellas, haciéndolas participar en su movimiento, y ellas se mostraron consagradas y constantes en su lealtad hacia él. Sus discípulas estuvieron presentes en la crucifixión; manos femeninas ayudaron a José de Arimatea a colocar a Jesús dentro del sepulcro. Ellas estuvieron en el primer día de la pascua y las subsiguientes semanas de espera en Jerusalén. Ellas hicieron acto de presencia el día de Pentecostés, y en la casa de una mujer tuvo su sede la jefatura de la iglesia de Jerusalén. Un vistazo al libro de Hechos, confirmará esta impresión en cuanto al importante

rol desempeñado por las mujeres en la difusión del evangelio: Dorcas, Priscila, las cuatro profetisas, hijas de Felipe, cuya fama se divulgó en el siglo ii, las mujeres de la clase alta de Berea y Tesalónica y otras [...]. El papel desempeñado por las mujeres es aún más notable si se tiene en cuenta que tanto los círculos judíos como los paganos constituían mayormente un mundillo masculino. Era muy fácil burlarse de las «estúpidas mujeres» que chismorreaban acerca del cristianismo en los cuartos de lavado; pero pese a ello estas mismas mujeres se contaban entre los más fructíferos evangelistas. Ya sea que observemos una época tan temprana como la de 1 de Pedro, o tan tardía como la de las *Constituciones Apostólicas*, las palabras y el ejemplo de la esposa cristiana son consideradas como la mayor influencia a través de la cual podía esperarse la conversión del marido [...]. (Green 1979: 32–33)

A la luz de la información que se tiene sobre las mujeres, tanto en el Nuevo Testamento como en otros documentos cristianos antiguos, difícilmente se puede negar su protagonismo como mensajeras de la buena noticia de salvación y como líderes visibles de las comunidades de discípulos que se reunían en sus hogares. Una de las mujeres más destacadas de la comunidad de Jesús, si bien se tiene información bastante escasa sobre ella en los evangelios, fue María Magdalena, de quien se puntualiza que fue:

... una prominente discípula de Jesús que le siguió desde Galilea. Ella siempre es nombrada en primer lugar en el grupo de mujeres discípulas y fue la primera persona a quien Jesús resucitado se le apareció [...]. Su lugar [entre los discípulos] es atestiguado por numerosas referencias a ella en la literatura apócrifa y gnóstica temprana. (Scholer 1992: 884)

En este breve artículo, teniendo en cuenta la información que se tiene sobre María Magdalena en los evangelios, buscaremos reconstruir su papel protagónico como discípula y colaboradora, testigo de la crucifixión y mensajera de la resurrección de Jesús: ¡Una mujer apóstol!

María Magdalena: discípula y colaboradora de Jesús y de la comunidad de Jesús

María Magdalena, natural de Magdala, aldea de la provincia de Galilea, fue una de las mujeres que formó parte de la comunidad de Jesús y que, públicamente, junto a otras mujeres, siguió a Jesús en sus recorridos misioneros por las ciudades y aldeas de la región. Ella y otras mujeres galileas, con su participación pública y visible en la comunidad de Jesús, fueron desestructurando el papel secundario al que estaban destinadas las mujeres en la sociedad patriarcal judía del primer siglo.

En el tercer evangelio, sobre las mujeres galileas que siguieron a Jesús como discípulas y colaboradoras activas, se registra lo siguiente:

> Aconteció después que Jesús iba por todas las ciudades y aldeas, predicando y anunciando el evangelio del reino de Dios, y los doce con él, y algunas mujeres que habían sido sanadas de espíritus malos y de enfermedades: María que se llamaba Magdalena, de la que habían salido siete demonios, Juana, mujer de Chuza intendente de Herodes, y Susana, y otras muchas que le servían de sus bienes. (Lc 8.1–3)

Según el testimonio de Lucas, María Magdalena fue una de las «muchas [mujeres] que le servían [a Jesús] de sus bienes». Bajo el paraguas de lo que registra Lucas en su evangelio, lo menos que se puede decir de María Magdalena y de las muchas mujeres galileas que formaban parte de la comunidad de Jesús es que fueron discípulas y colaboradas fieles que, desde Galilea hasta Jerusalén (al pie de la cruz, durante su sepultura y en la resurrección), estuvieron al lado de Él (Lc 23.49, 55; 24.1, 10). María Magdalena fue una de las discípulas galileas de Jesús, estables, consecuentes, valientes y coherentes.

Tuvo que ser así, entre otras razones, porque en todos los evangelios ella es la primera en la lista de las discípulas galileas, lo que parece indicar el lugar prominente que tuvo en la comunidad de Jesús. Habría que aclarar además que María Magdalena, como todavía se supone en algunos círculos evangélicos, no es la mujer pecadora que aparece en Lucas 7.36–60. En otras palabras:

No es posible, al menos tomando como base los elementos bíblicos, limitar la enfermedad de la que fue curada María a una sola esfera: física, mental o moral. Esta es otra razón más para que nos resistamos a identificar a María Magdalena con la «mujer pecadora» de Lucas 7. Si Lucas hubiera sabido que la María del cap. 8 era la misma persona que la pecadora del cap. 7, ¿acaso no hubiera hecho explícita la relación? (Smalley 2003a: 860)

Es cierto, como precisa Lucas en su evangelio, que ella fue liberada de la opresión demoniaca que desfiguraba su dignidad humana. Sin embargo, esto no implica necesariamente que se trataba de una mujer de vida licenciosa, una prostituta o una persona como la mujer pecadora que se describe en Lucas 7.

Aunque en los otros evangelios no se menciona directamente a María Magdalena por su nombre, excepto en los relatos de la resurrección (Mt 28.1; Mr 16.1; Jn 20.1), este vacío de información respecto a ella no indica, necesariamente, que fue un personaje secundario, anecdótico o periférico. La razón es la siguiente: si hubiese sido un personaje secundario o anecdótico, ¿cómo explicar entonces que todos los evangelios, unánimemente, registran que fue una testigo privilegiada de la resurrección de Jesús y la encargada de comunicar esa buena noticia a la comunidad de discípulos?

No cabe duda entonces que María Magdalena fue una destacada discípula y colaboradora de Jesús y de la comunidad de Jesús. La presencia de ella y de las otras mujeres galileas en una comunidad itinerante que se desplazaba públicamente, no de manera furtiva, escondida o de incógnito, indica que para Jesús la incorporación de mujeres en la comunidad del reino fue una señal indudable de la novedad de vida que el reino de Dios traía consigo; novedad de vida en la que los ninguneados y los ausentes en la sociedad piramidal del primer siglo recuperaban su dignidad humana, resucitaban socialmente, tenían voz y eran protagonistas activos en la historia de la salvación. Esta realidad innegable da cuenta, además, de que las mujeres son ciudadanas plenas del reino de Dios, tienen las mismas responsabilidades que los hombres, y están llamadas a poner al servicio de Dios y del prójimo toda su potencialidad humana.

María Magdalena: testigo de la crucifixión y mensajera de la resurrección

Los cuatro evangelios, claramente y al unísono, registran y afirman que María Magdalena fue testigo de la crucifixión de Jesús, así como mensajera privilegiada de la resurrección. Esta información en sí misma expresa el papel destacado que tuvo esta discípula galilea en la comunidad de Jesús.

La presencia de María Magdalena como una testigo de la crucifixión de Jesús está atestiguada, con nombre propio, en tres de los cuatro evangelios (Mt 27.55–56; Mr 15.40; Jn 19.25). Marcos, considerado como el evangelio más antiguo, describe con estas palabras la presencia de María en ese momento crucial en la historia de la salvación:

> También había algunas mujeres mirando de lejos, entre las cuales estaban María Magdalena, María la madre de Jacobo el menor y de José, y Salomé, quienes, cuando él estaba en Galilea, le seguían y servían; y otras muchas que habían subido con él a Jerusalén. (Mr 15.40–41)

Aunque Lucas en su evangelio no menciona con nombre propio o directamente a María Magdalena, si se tiene en cuenta a Lucas 8.1–3 y al relato lucano de la resurrección (Lc 24.10), no cabe duda de que ella estaba entre «las mujeres que le habían seguido desde Galilea [y que] estaban lejos mirando estas cosas» (Lc 23.49).

María Magdalena, como las otras mujeres galileas, discípulas y colaboradoras de Jesús y de la comunidad del Mesías, fue una testigo directa de la crucifixión de Cristo. Ella, con las otras mujeres galileas, jamás lo abandonaron, incluso en los momentos más críticos que el Maestro tuvo que pasar para cumplir la misión encomendada por el Padre. María de Magdala, acompañada de las otras mujeres galileas, participaron en los preparativos del sepelio de Jesús y estuvieron presentes cuando lo sepultaron (Mt 27.61; Mr 15.47). Mateo en su evangelio precisa: «Y estaban allí María Magdalena, y la otra María, sentadas delante del sepulcro» (Mt 27.61). Marcos, por su parte, acentúa: «Y María Magdalena y María madre de José miraban dónde lo ponían» (Mr 15.47).

Llama la atención en los relatos de Mateo y Marcos que ella siempre aparezca en primer lugar, antes que la otra María madre de José, como una testigo directa del sepelio de Jesús (Mt 27.61; Mr 15.47). Este papel singular de María Magdalena se reafirma en los relatos de las mujeres que el domingo temprano fueron al sepulcro de Jesús (Mt 28.1; Mr 16.1; Lc 24.10; Jn 20.1), así como en los de su resurrección (Mt 28.9; Mr 16.9; Lc 24.10; Jn 20.11–18). ¡María Magdalena aparece en primer lugar! Ella fue, indudablemente, una mujer apóstol (mensajera, embajadora, comisionada) de la resurrección de Cristo.

La pregunta que se plantea a la luz de la evidencia de los evangelios es la siguiente: ¿por qué razón o razones los autores de los evangelios no pudieron invisibilizar, ningunear o descartar a esta discípula galilea como testigo privilegiada de la resurrección de Jesús? La única respuesta posible es que la evidencia fue tan clara y contundente que no hubo forma de invisibilizar el papel protagónico, central, medular que tuvo María Magdalena.

Lucas en su relato registra lo siguiente sobre el papel de María Magdalena y de las otras mujeres galileas como mensajeras de la resurrección de Jesús:

> El primer día de la semana, muy de mañana, vinieron al sepulcro, trayendo las especies aromáticas que habían preparado, y algunas otras mujeres con ellas [...] no hallaron el cuerpo del Señor Jesús. Aconteció que estando ellas perplejas por esto, he aquí se pararon junto a ellas dos varones con vestiduras resplandecientes [...] les dijeron: ¿Por qué buscáis entre los muertos al que vive? No está aquí, sino que ha resucitado [...] y volviendo del sepulcro, dieron nuevas de estas cosas a los once, y a todos los demás. Eran María Magdalena, y Juana, y María madre de Jacobo, y las demás con ellas, quienes dijeron estas cosas a los apóstoles. (Lc 24.1, 3–4, 5–6, 10)

En este caso, la prominencia de María Magdalena como mensajera de la resurrección, como protagonista central de una realidad histórica que anunciaba el triunfo de la vida sobre la muerte, es afirmada y confirmada unánimemente en los cuatro evangelios (Mt 28.9; Mr 16.9; Lc 24.10; Jn 20.11–18). Se trata de un dato que para nada es circunstancial, periférico o anecdótico. Subraya más bien que la mujer

—las mujeres— no es para nada un personaje de relleno o subalterno en la comunidad de Jesús. No es así porque la comunidad de Jesús fue y es una comunidad horizontal en la que todos sus miembros tienen las mismas posibilidades, responsabilidades y misión. En la comunidad de Jesús, como fue el caso de María Magdalena, las mujeres tienen voz y son protagonistas, son discípulas y colaboradoras en el mismo nivel que los hombres.

María Magdalena: modelo de seguimiento a Jesús

De la información que se tiene sobre María Magdalena, aunque breve y limitada solo a los cuatro evangelios, se puede deducir que fue una discípula destacada y un modelo de seguimiento a Jesús. Los cuatro evangelios la describen y presentan como una testigo directa de la crucifixión y resurrección de Jesús, además de destacar su papel protagónico como mensajera de la resurrección, que se resalta especialmente en el Evangelio de Juan, quien es el único que relata el encargo específico que le da cuando se le aparece: «No me toques, porque aún no he subido a mi Padre; mas ve a mis hermanos, y diles: Subo a mi Padre y a vuestro Padre, a mi Dios y a vuestro Dios» (Juan 20.17). Y María Magdalena cumplió fielmente con esta comisión: «Fue entonces María Magdalena para dar a los discípulos las nuevas de que había visto al Señor, y que él le había dicho estas cosas» (Juan 20.18).

Aunque los otros documentos del Nuevo Testamento no mencionan a María Magdalena ni directa ni indirectamente, cabe sin embargo una pregunta a la luz de Hechos 1.14: ¿está incorporada María Magdalena en la referencia a las mujeres galileas de Hechos 1.14? Lucas en este pasaje de Hechos de los Apóstoles registra lo siguiente: «Todos estos perseveraban unánimes en oración y ruego, con las mujeres, y con María la madre de Jesús, y con sus hermanos». Si se tiene en cuenta la evidencia presente en los cuatro evangelios sobre la persona y el papel protagónico de María Magdalena como testigo de la crucifixión y resurrección de Jesús, no cabe duda de que ella estaba presente también en el aposento alto «con las mujeres» galileas, como María la madre del Señor.

María Magdalena, como las otras mujeres galileas, son modelos ejemplares de seguimiento a Jesús. Ella, como testigo de la resurrección y como comisionada a llevar esta buena noticia a los discípulos varones y mujeres que estaban en Jerusalén, da cuenta de que en la comunidad de Jesús las discípulas también tenían voz y responsabilidades específicas no menos importantes que las encomendadas a los discípulos varones. En otras palabras:

> Las mujeres lideradas por María Magdalena no solo fueron las primeras testigos de la resurrección, sino que recibieron la tarea de comunicar la buena nueva a los demás discípulos y discípulas de que Jesús iba a Galilea y que allá los vería de nuevo. (Tamez 2003: 85)

De la experiencia de María Magdalena como discípula, colaboradora, testigo y comisionada para anunciar la buena noticia de la resurrección de Jesús, se puede concluir que representa, además de una reivindicación de la mujer como beneficiaria y colaboradora del reino en pie de igualdad con los hombres, una afirmación de su plena pertenencia a la comunidad del reino y comisionada para anunciar públicamente el triunfo de la vida sobre la muerte y la violencia.

¡María Magdalena, modelo ejemplar de seguimiento a Jesús! La horizontalidad de la comunidad del Mesías es más que obvia. En esta comunidad todos tienen cabida, todos son iguales, todos son incluidos, todos son protagonistas. ¿No tendría que darse también, tanto dentro como fuera de las iglesias, una relación horizontal mujer-hombre que termine para siempre con todo patriarcalismo, machismo y violencia contra la mujer y los feminicidios? ¿Hasta cuándo en las iglesias y la sociedad las mujeres seguirán siendo invisibilizadas, ninguneadas, postergadas y violentadas?

Capítulo 4

Elisabet

Teóloga del pueblo de a pie

Después de aquellos días concibió su mujer Elisabet,
y se recluyó en casa por cinco meses, diciendo:
Así ha hecho conmigo el Señor en los días en que se dignó
quitar mi afrenta entre los hombres. (Lc 1.24–25)

Elisabet es una mujer anciana y estéril, esposa de un sacerdote pobre, marginada y excluida debido a su incapacidad de concebir y prolongar el linaje familiar. Sin embargo, inesperadamente, ella y su esposo se convierten en protagonistas de la historia de la salvación. Contra todo pronóstico y desafiando los prejuicios de ese tiempo, tanto por su esterilidad como por su avanzada edad, Elisabet queda embarazada. ¡Una anciana pobre y estéril será la madre del precursor del Mesías! A nosotros, la experiencia de esa mujer puede parecernos fuera de lugar e incluso exagerada; pero es cosa de Dios que, desde abajo, desde la periferia de la sociedad, comienza a cumplir su promesa de liberación a través de dos ancianos del pueblo de a pie, de dos *nadie* en el mundo social de su tiempo, de dos postergados en la prejuiciada sociedad patriarcal del primer siglo.

Ella sabe que en su vida ha ocurrido un milagro y, tal vez de vergüenza, se esconde en su casa (Lc 1.24). Sabe que lo imposible para las personas se hace posible por la gracia de Dios. Sabe que Dios ha irrumpido en su vida para sacarla del desván de la historia, del ostracismo social, cultural y religioso al que estaba condenada por ser mujer, pobre y estéril. Sus palabras, una suerte de canto de alegría y esperanza, una declaración de la bondad liberadora de Dios en favor de los ninguneados del mundo, dan cuenta de esa realidad: «Así ha hecho conmigo el Señor en los días en que se dignó quitar mi afrenta entre los hombres» (Lc 1.25). Dios actuó como su *go'el*, su defensor, su vindicador. ¡La visibilizó convirtiéndola en madre del precursor del Mesías!

Elisabet, con estas palabras que brotan de su experiencia de encuentro con Dios en la esquina olvidada de la vida, expresa que ha sido liberada de su condición de mujer ninguneada, despreciada, insultada y cosificada. ¡Ella hace teología desde su insignificancia, vulnerabilidad e indefensión! Da testimonio de la acción liberadora de Dios que la ha rescatado de la afrenta social, cultural y religiosa en la que vivió por décadas debido a su condición de mujer estéril y, por lo tanto, según la mentalidad de esos días, «olvidada» o «desfavorecida» por Dios. Las palabras de esta anciana son reflexión y afirmación teológica desde la otra orilla de la historia, desde la marginación y exclusión, desde el estercolero a la que fue condenada por los prejuicios deshumanizantes de la sociedad de su tiempo.

Aunque sus palabras no son propiamente un canto mesiánico, como la de su pariente María en el *Magníficat*, expresan, sin embargo, que Dios interviene en la historia de los pobres y de los olvidados de la tierra para que pasen del anonimato al protagonismo y del ninguneo al ojo público. Dios visibiliza a Elisabet y reivindica así a quien era tratada como trasto desechable; dignifica a quien era atropellada impunemente y valora a quien estaba considerada como desperdicio social.

Las palabras de Elisabet, cuando pasa de objeto a sujeto debido a la gracia liberadora del Dios de la vida, manifiestan que esta mujer pobre y despreciada, desde la experiencia de su encuentro divino y desde su espacio de marginada, teologiza al afirmar que Dios es vida, pues Él rompe las estructuras mentales y las prácticas de muerte (sociales, culturales y religiosas de mundo patriarcal y machista) que la han convertido en objeto de burla, insulto y desprecio. Una mujer postergada, desde su insignificancia y sin palabras rebuscadas o finamente elaboradas, proclama que Dios la ha liberado, de lo cual la señal visible y concreta es su embarazo, a pesar de que es estéril y anciana.

A la luz de la experiencia de vida concreta de Elisabet, ¿quién puede dudar de que la teología se elabora también desde realidades de opresión, vulnerabilidad, indefensión y ninguneo?, ¿quién puede negar que las teologías incubadas desde el pueblo de a pie dan cuenta del Dios que es vida y justicia?, ¿quién puede dudar de que en su acción en la historia eclosionan palabras y cantos liberadores como los de Elisabet y María, mujeres del pueblo de a pie?

¡La teología del pueblo de a pie es también teología liberadora, reflexión crítica desde la hondura de la vida luego de ser visitado por Dios, palabra gestada bajo el paraguas de un encuentro con el Dios de la vida en la cotidianidad del peregrinaje humano!

¡Elisabet, teóloga del pueblo de a pie!

Capítulo 5

Elisabet

Teóloga del Espíritu

En aquellos días, levantándose María, fue de prisa a la montaña,
a una ciudad de Judá; y entró en casa de Zacarías,
y saludó a Elisabet. Y aconteció que cuando oyó Elisabet
la salutación de María, la criatura saltó en su vientre;
y Elisabet fue llena del Espíritu Santo, y exclamó a gran voz, y dijo:
Bendita tú entre las mujeres, y bendito el fruto de tu vientre.
¿Por qué se me concede esto a mí, que la madre de mi Señor
venga a mí? Porque tan pronto como llegó la voz de tu salutación
a mis oídos, la criatura saltó de alegría en mi vientre.
Y bienaventurada la que creyó, porque se cumplirá
lo que le fue dicho de parte del Señor. (Lc 1.39–45)

¡Un encuentro de mujeres embarazadas milagrosamente, una adulta mayor y una adolescente campesina, una teología que eclosiona sobre la marcha, teología en y desde el camino! ¡Todo comenzó con una visita inesperada!

La anciana Elisabet, con un embarazo de seis meses o, tal vez, más (Lc 1.36, 39), recibe la visita de su pariente María (Lc 1.36), también embarazada milagrosamente como ella (Lc 1.39–40). Nada se dice sobre las razones de tan inesperada visita. Sin embargo, sí se precisa con detalle la experiencia única de Elisabet apenas recibe el saludo de María: «Y aconteció que cuando oyó Elisabet la salutación de María, la criatura saltó en su vientre; y Elisabet fue llena del Espíritu Santo»

(Lc 1.41). Hecho que luego lo reafirma ella misma: «Porque tan pronto como llegó la voz de tu salutación a mis oídos, la criatura saltó de alegría en mi vientre» (Lc 1.44).

Dos asuntos sorprendentes y únicos llaman la atención en este relato lucano sobre la experiencia con Dios que tiene Elisabet en esta etapa de su vida:

a)   El niño de Elisabet, Juan el Bautista, reconoció que el de María era el Mesías y, por esa razón, «saltó en su vientre de alegría». De esa manera, con esas palabras bellamente expresadas, Lucas resalta que algo nuevo estaba ocurriendo y que esa novedad que cambiaría la historia la anunciaban dos niños que aún se encontraban en el vientre de sus madres.

b)   Elisabet fue llena del Espíritu Santo cuando su niño identificó al Mesías en el vientre de María, y la señal de ello era la alegría que producía la presencia del Mesías prometido en la historia. ¡La presencia del Espíritu, además de anunciar la inserción de Jesucristo en la historia, es alegría que marca la comprensión de la presencia de Dios y del tiempo de liberación!

Pero Lucas no se queda allí. Acentúa, además, que la llenura del Espíritu que acompaña a la experiencia con Dios que ha tenido Elisabet permite que ella —y no solo el niño que lleva en su vientre— reconozca que el Mesías es el niño que está en el vientre de María. Lucas lo expresa de dos maneras: a) Elisabet se refiere a María como «Bendita tú entre las mujeres»; y b) afirma «bendito el fruto de tu vientre». Luego, en forma de pregunta, asevera que el niño que está en el vientre de María es el Señor (*kyrios*): «¿Por qué se me concede esto a mí, que la madre de mi Señor venga a mí?». Y termina expresando que María es «bienaventurada», dichosa o feliz, porque creyó en la palabra del Señor (cf. Lc 1.38).

Elisabet, una mujer del pueblo de a pie, luego de su experiencia con el Espíritu, hace teología en el Espíritu. Una anciana, despreciada y ninguneada en la sociedad de su tiempo, empoderada por el Espíritu, fue capaz de identificar al Mesías y de reconocer que en su parienta María habían ocurrido experiencias extraordinarias. El Espíritu la convirtió en una mujer con discernimiento para comprender que Dios estaba actuando en la historia a través de una campesina adolescente de Galilea en cuyo vientre estaba el Mesías que revertiría el destino de los pobres, los indefensos, los postergados y los ninguneados de siempre.

La teología en el Espíritu que brota de los labios de Elisabet y se visibiliza en sus palabras no proviene ni de la especulación ni de la sabiduría humana, sino de una mujer del pueblo de a pie que ha experimentado la acción liberadora de Dios y ha sido empoderada por el Espíritu para leer «las señales de los tiempos», no tanto en los acontecimientos del día a día de los vaivenes de la historia humana, sino en la historia de vida de una campesina galilea, una jovencita que le creyó a Dios y que llevaba en su vientre al Mesías. ¡Así se teje una teología en el Espíritu!

Capítulo 6

Ana

Teóloga de la liberación

*Estaba también allí Ana, profetisa, hija de Fanuel, de la tribu de Aser,
de edad muy avanzada, pues había vivido con su marido siete años
desde su virginidad, y era viuda hacía ochenta y cuatro años;
y no se apartaba del templo, sirviendo de noche y de día
con ayunos y oraciones. Esta, presentándose en la misma hora,
daba gracias a Dios, y hablaba del niño a todos los que esperaban
la redención en Jerusalén.* (Lc 2.36–38)

Lucas, en su evangelio, al narrar la historia de Jesús, inserta en ella a varias personas del pueblo de a pie y subraya que estaban en el centro de la acción de Dios cuando, finalmente, se cumple la promesa del advenimiento del Mesías: Zacarías, Elisabet, María, Simeón, Ana y los pastores de las montañas de Judea. De esa manera, anuncia claramente que el pregón del reino viene desde la insignificancia, desde un rincón de la historia, desde el mundo de los olvidados de la tierra.

Una de estas personas es Ana, la profetisa, mujer de «edad muy avanzada», parte del remanente fiel que esperaba el cumplimiento de la promesa de liberación de parte de Dios. Lucas describe su vida consagrada, piadosa, con palabras que dan cuenta de su fidelidad y compromiso con el Dios de su pueblo: «… no se apartaba del templo, sirviendo de noche y de día con ayunos y oraciones». Ella, igual que el anciano Simeón, se dio cuenta de que el niño que María y José llevaron al templo en Jerusalén era el Mesías anhelado y evocado por las personas justas y piadosas de Israel. De Simeón se afirma que «esperaba la consolación de Israel» (Lc 2.25), y de Ana se puntualiza lo siguiente: «Esta, presentándose en la misma hora, daba gracias a Dios, y hablaba del niño a todos los que esperaban la redención en Jerusalén» (Lc 2.38).

De las palabras de Lucas acerca de las expectativas mesiánicas de Ana, se deduce que esta anciana piadosa, además de identificar a un niño como el Mesías esperado y evocado («hablaba del niño»), proclama públicamente sin titubeos que, finalmente, Dios ha cumplido su promesa de liberación («a todos los que esperaban la redención en Jerusalén»). Ana se convierte así en teóloga de la liberación, anunciadora de la novedad de la vida que la intervención de Dios en la historia provoca y produce, proclamadora del reino de vida que ya está en marcha con la inserción de Dios en la cotidianidad de la experiencia humana, embajadora del reino de vida cuya señal y signo visible es un niño.

Ana es una teóloga de la liberación integral que el Mesías trae consigo. Ella no especula o intuye, pues ha visto al Mesías: ¡un niño, un indefenso, un vulnerable! Y, luego de esa experiencia en la que discierne que Dios está actuando en la historia, inmediatamente se convierte en embajadora de esa buena noticia. Su público es amplio («a todos») y su mensaje preciso y acotado («a todos los que esperaban la redención»). Sin embargo, está lleno de esperanza y responde concretamente a la creciente expectativa de un pueblo que anhela su redención, consolación, liberación prometida por el Dios de sus padres. De las palabras de Ana se deduce que Dios cumple sus promesas y actúa en la historia para liberar. El Dios en quien Ana confía no es un Dios desmemoriado, ahistórico o mentiroso, sino un Dios cuya Palabra se cumple en el seno de la historia.

A mí no me cabe duda de que Ana es teóloga de a pie, mujer que teologiza en el camino, creyente en el Dios liberador. No exagero entonces —eso creo— cuando afirmo que ella es teóloga de la liberación; no de cualquier liberación, sino de la liberación integral que el reino de Dios representa, transformando vidas y realidades humanas de opresión, explotación e injusticias. Para la mirada escrutadora de Ana, mujer piadosa, un niño que ella identifica como el Mesías constituye un claro indicador de que la liberación que Dios prometió ya está en marcha en la historia: un niño indefenso es el Mesías liberador.

Capítulo 7

Dorcas

Discípula, mujer emprendedora y misionera

Las obras de caridad cristiana de Dorcas la habían hecho especialmente querida para sus amigos y vecinos. (Bruce 1998: 236)

Introducción

En Hechos de los Apóstoles, siguiendo el surco labrado en el tercer evangelio, Lucas destaca también el papel protagónico de varias mujeres en el anuncio de la buena noticia de salvación y en la expansión de las comunidades de discípulos en distintas fronteras sociales, culturales y religiosas del primer siglo. Afirma de esa manera que la comunidad de Jesús es una comunidad horizontal, de iguales, de compañeros que tienen las mismas oportunidades de servicio y acción misionera.

Un primer dato aparece al inicio del libro cuando se menciona a las mujeres que, junto con los discípulos varones, esperaban en el aposento alto el cumplimiento de la promesa del Espíritu: «Todos estos perseveraban unánimes en oración y ruego, con las mujeres, y con María la madre de Jesús, y con sus hermanos» (Hch 1.14). También se menciona a las mujeres cuando Pedro, citando al profeta Joel, expresa lo siguiente: «Vuestros hijos y vuestras hijas profetizarán […]» (Hch 2.17). Las mujeres aparecen además en uno de los resúmenes de la vida y misión de la primera comunidad cristiana que Lucas registra: «Y los que creían en el Señor aumentaban más, gran número así de hombres como de mujeres» (Hch 5.14). De las mujeres que se integraban a las comunidades de discípulos se hace referencia, asimismo, en el registro de la experiencia misionera en Samaria: «Pero cuando creyeron a Felipe, que anunciaba el evangelio del reino de Dios y el nombre de Jesucristo, se bautizaban hombres y mujeres» (Hch 8.12).

Mención aparte se debe hacer sobre el papel misionero clave de «María la madre de Juan, el que tenía por sobrenombre Marcos» (Hch 12.12). María tuvo un papel misionero valioso para el testimonio público de la primera comunidad cristiana, porque su casa de Jerusalén, según el registro de Hechos de los Apóstoles, fue el centro de reunión de los discípulos (Hch 12.12). Esta referencia es importante, especialmente, por el lugar que tuvieron los hogares de los primeros discípulos como espacios de reunión, evangelización, compañerismo y cuidado mutuo en una sociedad que, paulatinamente, los fue rechazando y persiguiendo (Hch 4.1–3, 17–21; 5.17–18; 8.1–4; 12.1–5).

Aparte de esta información que se proporciona en Hechos de los Apóstoles, Lucas registra también en su relato que, cuando el evangelio fue cruzando otras fronteras geográficas, tuvieron un papel importante en la expansión del testimonio cristiano mujeres como Lidia (Hch 16.14–15, 40), las discípulas de Tesalónica (Hch 17.4), Priscila (Hch 18.2–3) y las cuatro hijas de Felipe, que eran conocidas profetas (Hch 21.9).

Dorcas o Tabita fue una de estas mujeres. A ella solo se la menciona en Hechos 9.36–43. Su nombre Dorcas (griego) o Tabita (arameo) significa *gacela*. Esta discípula vivía en Jope[17] (Hch 9.36) y era muy conocida debido a sus obras de caridad en beneficio de personas vulnerables e indefensas como las mujeres viudas (Hch 9.39, 41–42). Dorcas, según el testimonio de Hechos de los Apóstoles, comprendió claramente que el seguimiento a Jesús implicaba un compromiso público con los marginados de la sociedad; un compromiso orientado a revertir el destino de los vulnerables, indefensos y oprimidos.

---

[17] Jope, la moderna ciudad de Jaffa, puerto marítimo más próximo a Jerusalén (Stott 2010: 213). De esta ciudad se afirma también lo siguiente: «Jope (Jafa heb. *Yaf*) está sobre la costa mediterránea, unos diecisiete kilómetros al noreste de Lida» (Bruce 1998: 236).

Una discípula ejemplar

El relato de la vida y el testimonio de Dorcas o Tabita forma parte del registro de las actividades misioneras itinerantes del apóstol Pedro que Lucas inserta en Hechos de los Apóstoles (Hch 9.32). A Dorcas se la describe como «una discípula» (Hch 9.36) y es la única mujer llamada así (*mathetria*) en el Nuevo Testamento (Beeching 2003: 376; Johnson 1992: 177).

Lucas presenta a Dorcas como una discípula con una preocupación particular por las personas vulnerables e indefensas de Jope; por ejemplo, las viudas (Hch 9.36, 39). De su calidad de vida cristiana, de su comprensión del seguimiento a Jesús, de su testimonio público, se afirma que «abundaba en buenas obras, y en limosnas que hacía» (Hch 9.36). Se trataba de una creyente ejemplar que, además de ser generosa con su dinero (daba limosnas), lo fue con su tiempo (abundaba en buenas obras) y con sus habilidades y destrezas (confeccionaba túnicas y vestidos).

Esta discípula de Jesús, con su ejemplo de generosidad cristiana y de compromiso con los indefensos, ha trazado la ruta que todo discípulo tiene que seguir. La práctica de las buenas obras, antes que una desviación de la fe cristiana o una politización del evangelio, constituye una clara señal de seguimiento a Jesús. En otras palabras, quien se reclame a sí mismo como un discípulo de Jesús, tiene la ineludible responsabilidad de realizar buenas obras o de preocuparse por el bien común, como dar limosnas para los pobres y socorrer a las viudas. Pero no se trata de buenas obras que conviertan a los sectores sociales indefensos, como las viudas, en meros receptores de dinero o de otro tipo de ayuda esporádica, sino de buenas obras orientadas a la transformación de la realidad de miseria material en la que estas personas se encuentran.

Una mujer emprendedora

De Dorcas o Tabita conocemos, si se sigue el relato de Hechos de los Apóstoles, que era una persona con habilidades y destrezas particulares que puso al servicio del prójimo vulnerable e indefenso, como las viudas de la ciudad de Jope (Hch 9.36, 39). En el relato se acentúa que ella «abundaba en buenas obras y en limosnas» (Hch 9.36). ¡Fue una mujer con habilidades visibles, una discípula comprometida, una creyente emprendedora!

La capacidad de emprendimiento de Dorcas la condujo a orientar su vocación de servicio al prójimo a una preocupación particular por las mujeres viudas de Jope. Se dedicó a confeccionar «particularmente ropa interior y vestidos, las túnicas y los abrigos para los necesitados» (Stott 2010: 213). Las viudas que Lucas menciona en el relato eran «mujeres empobrecidas para quienes Dorcas había cosido vestidos» (González 2000: 206). Ella mostraba así, siendo discípula de Jesucristo, «virtudes judías altamente estimadas que continuaron siendo practicadas por los cristianos» (Marshall 1996: 179). La práctica de servicio al prójimo vulnerable e indefenso, como las mujeres viudas de Jope, hizo que Dorcas fuera «especialmente querida para sus amigos y vecinos» (Bruce 1998: 236).

Ella nos enseña, con su ejemplo de caridad cristiana, a pensar siempre en el prójimo que tiene serias dificultades para sobrevivir en una sociedad que ignora, invisibiliza y descarta a quienes, según los criterios de producción y rentabilidad, son accesorios o descartables. Este fue el caso de las viudas pobres en el mundo del primer siglo. Y continúa siendo el caso de muchas madres solteras, huérfanos, adultos mayores, personas con habilidades especiales, y los miles de pobres que habitan en las zonas rurales y en las ciudades de nuestros países. Dorcas, con su ejemplo cristiano de servicio orientado a los pobres, «nos proporciona un modelo de caridad cristiana hacia las personas marginadas de la sociedad» (Larkin 1995: 152).

Una misionera cristiana

La muerte de Dorcas produjo dolor entre los discípulos, particularmente, entre las viudas que ella atendía con mucha solicitud (Hch 9.39). Cuando Pedro llegó, inmediatamente lo llevaron al lugar en el que se encontraba el cuerpo inerte de Dorcas (Hch 9.39–40). La escena, como la describe Lucas, era bastante conmovedora, ya que todas las viudas a quienes ella ayudaba estaban llorando: «… y cuando llegó [Pedro], le llevaron a la sala, donde le rodearon todas las viudas, llorando […]» (Hch 9.39). Hubo entonces un problema humano que los discípulos no habían podido resolver. Quizá por esa razón llamaron a Pedro (Hch 9.38) pensando que, como había sanado previamente a Eneas en el nombre de Jesús (Hch 9.32–35), podía hacer lo mismo por Dorcas. Y no se equivocaron, porque Jesús actuó resucitando a esta discípula tan amada en su comunidad (Hch 9.41).

¿Por qué a los discípulos de Jope, especialmente a las viudas, les dolió tanto la muerte de Dorcas y por qué tenían la esperanza de que ella volviera a la vida? Sabemos, por el relato de Hechos de los Apóstoles, que las «obras de caridad cristiana de Dorcas la habían hecho especialmente querida para sus amigos y vecinos» (Bruce 1998: 236) y que era bastante conocida por «su bondad hacia los pobres» (Larkin 1995: 151). En otras palabras, sus acciones misioneras en favor de las personas pobres, vulnerables e indefensas, como las mujeres viudas, tuvieron un efecto notable, dentro y fuera de la comunidad de discípulos de Jope. Esto explica por qué, cuando Pedro en el nombre de Jesús resucitó a esta mujer tan amada y entrañable para quienes la conocían y habían sido beneficiadas por sus acciones de caridad cristiana, «muchos creyeron en el Señor» (Hch 9.42). Fue así porque «la caridad de Dorcas se extendió más allá de los límites de la asamblea local de discípulos» (Bruce 1998: 237, nota 85), es decir, sirvió tanto a creyentes como a no creyentes. Y siempre tiene que ser así, porque el amor cristiano no tiene límites, ya que se extiende a todos los seres humanos sin excepción debido a su dignidad intrínseca como creación de Dios.

La caridad cristiana de Dorcas —expresada en la práctica de buenas obras en beneficio del prójimo en situación de indefensión y vulnerabilidad en una acción misionera integral concreta— traza la ruta diaconal y misional que deben seguir las iglesias y los creyentes de todo espacio geográfico y realidad social y política. Las destrezas y habilidades personales, así como las posesiones materiales, como lo hizo Dorcas en Jope, siempre tienen que estar al servicio de Dios y del prójimo. Esto implica la ruptura de todo egoísmo y mezquindad, así como la adopción personal y comunitaria de prácticas cristianas como la generosidad y la solidaridad que dan cuenta de nuestro compromiso visible con los desheredados de la sociedad.

Dorcas, con su ejemplo de vida, nos desafía a salir de nuestra comodidad y tranquilidad para servir sin reservas a las víctimas de las violencias que condenan a los pobres y a los indefensos de la sociedad a la invisibilidad, la postergación y el olvido. Dorcas diría ¡NO! Su ejemplo nos desafía a poner nuestras manos, habilidades, destrezas y posesiones materiales al servicio de la defensa de la vida y la dignidad humana. Ella, con su ejemplo de compromiso cristiano, nos desafía a luchar frontalmente contra todas las violencias que rebajan la vida y la dignidad humana de los pobres y los ausentes de la «historia oficial» de nuestros países.

Capítulo 8

Las mujeres en las comunidades paulinas

Discípulas, colaboradoras y líderes visibles

*Ciertamente, quienes se oponen al liderazgo de mujeres en la iglesia,
parecen no haber hecho la tarea de interpretar la Biblia.
Más bien, al mejor estilo de los fariseos de la época de Jesús,
solo citan textos esperando que el propio Señor se someta a ellos.
Pero hoy, como antes, el seguimiento de Jesús encuentra nuevas
y renovadas posibilidades en los mismos textos donde otros
solo encuentran esclavitud.* (Ortega 2021: 62)

*El contexto actual nos desafía a llevar a la casa de tanta gente
abandonada al Jesús de Mateo 19.1–12. Nos desafía a amar
al prójimo a través de una hermenéutica contextual que le anime
a abrir las puertas para dejarle entrar [...] para que converse
a corazón abierto y puedan sentir su abrazo diciéndoles
que vino para acompañarlos.* (Barreda 2021: 86)

Introducción

Quienes sostienen que a las mujeres no les corresponde ocupar un lugar visible en el liderazgo de las iglesias locales y, menos aún, en las estructuras de poder de las iglesias nacionales, utilizan como fundamento para defender su particular punto de vista dos argumentos ligados entre sí que, según ellos, son irrefutables e irrebatibles:

> En el círculo de los doce apóstoles que caminaron con Jesús no hubo ninguna mujer y ninguna mujer fue reconocida y enviada como apóstol en la iglesia primitiva.

Afirman que el apóstol Pablo no tuvo una opinión favorable de las mujeres, tal como se desprendería de su exhortación a que «callen en las congregaciones» (1Co 14.34), «aprenda en silencio» (1Ti 2.11), o «no permito a la mujer enseñar» (1Ti 2.12).[18]

Para ellos, la ausencia de mujeres en el círculo de los doce apóstoles es una señal innegable e incuestionable de que Jesús no autorizó ni autoriza que la mujer acceda a una posición visible de liderazgo ni tenga un papel protagónico en las comunidades de discípulos de ayer y de hoy. Olvidan, sin embargo, los gestos y las palabras de Jesús que directa e indirectamente valoraban y dignificaban a las mujeres, desmantelando así la mentalidad y las prácticas de la sociedad patriarcal de su tiempo que las trataba como inferiores, dependientes y subordinadas a la voluntad del hombre. Los cuatro evangelios, unánimemente, dan testimonio de esta actitud de Jesús hacia las mujeres.

En relación con este asunto, aunque extensa, la siguiente cita da cuenta de la forma como Jesús se relacionó con las mujeres, valorándolas y dignificándolas, en un contexto social, cultural y religioso en la que eran postergadas, oprimidas y humilladas:

> En la época de Jesús, la sociedad desvaloraba a las mujeres. Recluidas y sin poder, tenían muy poca importancia para las demás personas. Las restricciones sociales y religiosas les impedían una vida normal como la de los hombres. La participación en actividades públicas era un tabú, discutir en las calles con un erudito era una desgracia, enseñar y dar testimonio les era prohibido, y estar solas con un hombre era sencillamente impensable. No se podía mirar ni saludar a una mujer casada. La comunidad religiosa de la época en realidad señalaba claramente

---

[18] Acerca de este asunto se debe precisar que la «incorporación de las ciencias que abren al pasado y explican el presente hubiera mostrado que el silencio en la asamblea y el aprendizaje en caso no era una novedad cristiana» (Ortega 2021: 60), es decir, no era «evangelio» o una buena noticia, sino una práctica cultural socialmente aceptada en el primer siglo.

que las mujeres eran inferiores. Pero Jesús rompió las barreras de la tradición religiosa y la costumbre social [...]. En contra de toda tradición, Jesús se acercó a las mujeres. Violó el código tradicional y la norma judía que prohibía que los hombres hablaran con las mujeres en público. En Juan 4.1–42, vemos que aceptó beber el agua que le ofreció una samaritana, a pesar de que se creía que los samaritanos eran impuros. Pero los que eran socialmente impuros se sentían aceptados en presencia de Jesús. Una mujer enferma de flujo de sangre lo tocó y Él le dio la bienvenida, contrario a las antiguas leyes que señalaban que el contacto con ella se debía evitar porque era impura (Mt 9.18–26; Mr 5.24–34; Lc 8.40–56) [...] Jesús tocó a las mujeres en público, un acto que no se acostumbraba en la sociedad judía (Lc 13.10–17) y les enseñó abiertamente cuando la mayoría de los rabinos rechazaban hacerlo por ser algo inaceptable (Lc 10.38–42). Pero Jesús consideró a las mujeres capaces de comprender la verdad de Dios. María fue alabada por el Señor por su deseo de aprender (Lc 10.38–42). Mientras «Marta realizaba un trabajo realmente femenino [...] María se comportó como cualquier otro discípulo» [...]. Las mujeres fueron aceptadas calurosamente en el apostolado, y a menudo viajaron con Jesús y lo apoyaron financieramente (Mr 15.40–41; Lc 8.1–3). Las enseñanzas de Jesús incluían objetos e ilustraciones que les eran familiares a ellas, tales como las bodas, el dar a luz, la levadura, el cosechar y moler la semilla. Incluso usaba imágenes femeninas para describir a Dios (Lc 15.8–10). Las historias que usaba calaron tanto en hombres como en mujeres, e invitaban a todos a recibir y responder a Su mensaje. A menudo hacía énfasis en un punto, para lo cual contaba dos historias similares, o usaba dos imágenes, una con un personaje masculino y otra con uno femenino (Lc 11.5–9; 18.1–8; Mt 24.39–41; Lc 17.34–36; 11.29–32; Mt 24.45–51; 25.1–13) [...]. En todo momento, Jesús dejó muy claro que Sus enseñanzas eran tanto para hombres como mujeres. (Haubert 1993: 35–36)

La presencia y el protagonismo de las mujeres galileas en la comunidad de Jesús son suficiente evidencia de que Él forjó una comunidad de iguales, horizontal, en la que todos tenían iguales oportunidades. En otras palabras:

> Jesús presenta una actitud verdaderamente innovadora frente a la mujer, actitud que, por otra parte, no dejó de sorprender incluso a sus propios discípulos (Jn 4.27) […] Jesús reacciona verdaderamente contra todas las desigualdades de que era víctima la mujer y, sin hacer concesiones a la mentalidad de su medio, sin admitir ninguno de los prejuicios que servían de apoyo a los privilegios masculinos, manifiesta claramente su voluntad de restablecer la igualdad de la mujer cada vez que se encuentra con una situación desfavorable a ella. (Bautista 1993: 40)

Sin embargo, a pesar de la evidencia bíblica, desde una mirada desfavorable al liderazgo de la mujer, se afirma que las palabras del apóstol descalifican a las mujeres para que estén en el mismo nivel o incluso en una posición de mayor autoridad que los hombres en el liderazgo de las iglesias. Para fundamentar su punto de vista, añaden también que los llamados códigos domésticos (Col 3.18–19; Ef 5.22–24, 33; 1Ti 2.9–3.15; 5.1–6; Tit 2.1–10) confirman la posición de sumisión, dependencia y subordinación de las mujeres en la iglesia, la familia y la sociedad.

Frente a este punto de vista que invisibiliza y relega a las mujeres a un papel secundario y periférico, pueden formularse válidamente preguntas como las siguientes: ¿realmente el apóstol Pablo tuvo una opinión desfavorable al liderazgo de la mujer?, ¿las ninguneó, cosificó y descalificó, confinándolas al espacio privado y destinándolas a una función secundaria y periférica en la vida y misión de las comunidades de discípulos?

Con relación a este asunto sensible, crítico para las mujeres de las iglesias, se afirma que:

> Las escrituras del apóstol Pablo a menudo se han utilizado para darles a las mujeres un estatus y una función inferiores. Se han citado ciertos pasajes para mantenerlas alejadas del liderazgo y bajo la autoridad de los hombres en un estado de sumisión velada y silenciosa. Como resultado, dirían algunos, se ha

apagado la llama ardiente de la identidad femenina y se ha roto
el junco adolorido del potencial para el liderazgo que poseen,
todo en nombre de la autoridad bíblica. (Haubert 1993: 40)

En este capítulo, sin dejar de lado los puntos de vista distintos entre
sí que existen acerca del liderazgo de la mujer en las comunidades
cristianas, examinaré la evidencia bíblica sobre este asunto crítico,
particularmente las palabras del apóstol Pablo en sus cartas, las
cuales han generado tanta polémica y siguen generando en el seno
de las iglesias cristianas de diverso trasfondo histórico y teológico.
Abordar este tema sensible y polémico es especialmente importante,
entre otras razones, porque, a pesar de que las mujeres representan
la inmensa mayoría de miembros en cualquiera de las iglesias
evangélicas, no tienen voz ni voto en los espacios de poder y se las
confina a tareas consideradas secundarias, menos importantes y
subordinadas.[19]

Además, cuando se examina e interpreta cualquier pasaje bíblico,
sea o no paulino, hay que tener en cuenta la siguiente advertencia, la
cual me parece más que oportuna:

> Toda lectura bíblica es un ejercicio de interpretación, tanto
> subjetivo como contextual. Como seres humanos ubicados
> en un mundo, no hay forma de leer las Escrituras sin hacerlo
> contextualmente, no es una opción, es un hecho inevitable.
> En todo caso, lo que podemos elegir es cómo hacerlo, es
> decir [...] hacerlo con plena conciencia de las limitantes y
> posibilidades humanas que trae el proceso de conocer a Dios
> a través de las Escrituras. Leer la Biblia naturalmente deberá,
> entonces, ser un ejercicio humilde, ante Dios y el prójimo. De
> diálogo, con uno mismo, en comunidad, y con/desde el texto
> bíblico. Por ello, también será un ejercicio ético, una forma
> de amar al prójimo si se decide seguir el espíritu de Jesús.
> (Barreda 2021: 84)

---

[19] Un excelente abordaje a las opiniones favorables y desfavorables al liderazgo de la
mujer se encuentra en el artículo «La mujer en el ministerio» (Sendek 2019: 328).

El problema

Dos textos paulinos, aparte de los llamados códigos domésticos, son el foco central de discusión cuando se aborda el tema del liderazgo de la mujer en las iglesias:

> … vuestras mujeres callen en las congregaciones; porque no les es permitido hablar, sino que estén sujetas, como también la ley lo dice. Y si quieren aprender algo, pregunten en casa a sus maridos; porque es indecoroso que una mujer hable en la congregación. (1Co 14.34–35)

> La mujer aprenda en silencio, con toda sujeción. Porque no permito a la mujer enseñar, ni ejercer dominio sobre hombre, sino estar en silencio. Porque Adán fue formado primero, después Eva; y Adán no fue engañado, sino que la mujer siendo engañada, incurrió en transgresión. Pero se salvará engendrando hijos, si permaneciere en fe, amor y santificación, con modestia. (1Ti 2.11–15)

Sobre estos textos paulinos polémicos y otros textos de parecido calibre y textura polémica (1Co 11.2–16; Ef 5.21–24) se expresa:

> Estas frases son duras, contrarias a nuestro sentimiento de humanidad. Ya no combinan con la percepción que tenemos del evangelio. Pero son frases de la Biblia. No tenemos derecho de eliminarlas. Tenemos, sin embargo, el deber de procurar entenderlas. Pues puede ser que las hayamos interpretado erróneamente y que, de este modo, hayamos contribuido a la dominación injusta del hombre sobre la mujer. Por tanto, tenemos que ver lo que Pablo quiso decir en realidad […]. No se trata de defender ni absolver a Pablo, sino de conocer la verdad. (Mesters 1993: 105)

La pregunta crítica que aflora luego de la lectura de estos textos polémicos puede formularse de esta manera: ¿deben interpretarse estos textos paulinos aisladamente, sin tener en cuenta el contexto específico en el que el apóstol Pablo los expresó? Para comprender e interpretar más apropiadamente estas palabras, aparentemente ofensivas para las mujeres, habría que considerar, además, la mención que hace en otros pasajes de mujeres que fueron sus colaboradoras y que tuvieron un liderazgo visible en varias comunidades de discípulos en distintos lugares.

Una primera advertencia es necesaria para interpretar las palabras del apóstol Pablo:

> Hacer de estos pasajes el fundamento para la interpretación del resto de las Escrituras equivale a deformar la influencia del contexto. La totalidad de la Palabra de Dios debe ser el fundamento para interpretar los pasajes individuales. Esto es particularmente cierto por cuanto estos pasajes se refieren a problemas culturales particulares. (Haubert 1993: 74)

Se debe considerar, además, que en diversos círculos cristianos:

> Se acostumbra atribuir a Pablo y a la tradición paulina el origen de esa actitud misógina que relega el rol de la mujer en la iglesia a una posición restringida y subalterna. El fundamento de esta actitud se suele basar, sobre todo y de forma especial, en aquellos textos de Pablo en los que hace referencia al velo que deben llevar las mujeres (1Co 11.2–16), al silencio que deben guardar en las asambleas cristianas (1Co 14.34–36), a la advertencia de que no deben enseñar (1Ti 2.11–15) y, en general, a todos los textos relativos a los códigos domésticos (Col 3.18–19; Ef 5.22, 33 [1P 2.3–17; 3.1–7]; 1Ti 2.9–3.15; 5.1–6; Tit 2.1–10). En cambio, los textos en los que Pablo informa y hace elogio del trabajo de la mujer en la Iglesia, así como de su compromiso eclesial y misionero, son menos conocidos e incluso con demasiada frecuencia ostensiblemente ignorados. (Bautista 1993: 83)

Es necesario, por lo tanto, examinar con cuidado la evidencia bíblica sobre este tema antes de hacer afirmaciones favorables o desfavorables al liderazgo de la mujer, basadas más en la tradición eclesiástica, los prejuicios sociales y culturales o en una postura teológica particular, antes que en todo lo que el apóstol Pablo expresa acerca de la presencia y papel de la mujer en las comunidades de discípulos.

La evidencia bíblica

Hasta este punto de nuestra discusión, tenemos dos asuntos que resolver, aparentemente contradictorios entre sí. Por un lado, los pasajes paulinos que parecen descartar el liderazgo de la mujer en las comunidades de discípulos; por otro, aquellos en los que el apóstol Pablo se refiere a mujeres que fueron discípulas, colaboradoras y líderes en las comunidades de discípulos que él fundó o conoció a mediados del primer siglo.

Una visión panorámica con respecto a la evidencia bíblica sobre la presencia y el protagonismo de la mujer parece pertinente para comenzar nuestro abordaje al tema:

> En toda la Biblia hay evidencia de la participación de las mujeres en la enseñanza, en el desempeño de posiciones de liderazgo y en la posesión de dones verbales en la iglesia. Huldah, la profetisa, probablemente les enseñó a los hombres en la escuela de profetas (2R 22.14–20). Débora se comportó como líder y profetisa de Israel (Jue 4.4–7). Miriam, la profetisa hermana de Moisés, también ocupó una posición importante de liderazgo (Éx 15.20–21; Mi 6.4). Las mujeres en las epístolas de Pablo, identificadas como colaboradora, diaconisa y apóstol, en verdad deben haber enseñado en grupos que incluían hombres (Fil 4.2–3; Ro 16.1–16). Priscila, junto con su esposo, le enseñó a Apolos [Hch 18.26], quien al tiempo se convirtió en un ministro prominente. Muchas mujeres tuvieron participación verbal en la vida de la iglesia y algunas enseñaron (1Co 11.5) [...]. (Haubert 1993: 74).

Se precisa también que:

> Pablo dejó muy en claro que aceptaba a las mujeres y trabajaba junto a aquellas que se comprometían con el trabajo misionero y ejercían el liderazgo de la iglesia. En sus cartas se dirigió a las iglesias domésticas asociadas con las mujeres: Apia en Colosas (Flm 2), Ninfas en Laodicea (Col 4.15), Priscila y Aquila en Corinto, Éfeso y Roma (1Co 16.9; Ro 16.5) y Cloé en Corinto (1Co 1.11). En la Epístola a los Romanos reconoce los esfuerzos

> de María, Trifena, Trifosa y Pérsida, las cuales ocupaban un sitio prominente en la iglesia (Ro 16.6, 12). Saludó a [la madre] de Rufo, la hermana de Nereo y a Julia. Priscila y su esposo trabajaron muy cerca con Pablo. Pablo se refiere a ellos como «colaboradores en Cristo», término que enfatiza los esfuerzos conjuntos que hicieron para proclamar la buena nueva. En Filipenses menciona a Evodia y a Síntique como mujeres que «combatieron conjuntamente conmigo en el evangelio» (Fil 4.3). Y se refiere a Febe como diaconisa y líder (Ro 16.1). De estas pruebas, queda claro que Pablo en verdad practicaba lo que predicaba. (Haubert 1993: 44)

Se argumenta también que en las primeras décadas del avance misionero de las comunidades de discípulos, desde el mundo judío al mundo grecorromano:

> … las mujeres, al ofrecer sus casas a las comunidades para reunirse en ellas (Hch 12.12–16), colaboraron con la formación de la primera infraestructura de la iglesia primitiva. En estas casas, conocidas como iglesias domésticas, las mujeres daban hospitalidad a los misioneros itinerantes (Hch 16.12–24), confeccionaban ropa para las viudas (Hch 9.36–39), profetizaban (Hch 21.9) e incluso dirigían las comunidades (Hch 18.26–27); así, pues, se puede decir que en las iglesias domésticas se practicaba el servicio, y eran ellas asimismo un lugar de encuentro no sólo para la plegaria, sino también para el intercambio de prestación de servicios entre todos (Flp 2.3; Ef 4.12) […]. (Bautista 1993: 72)

Si la mujer, según lo que se puede deducir de esta visión panorámica, no tuvo un papel secundario o su presencia no estuvo relegada al ámbito privado de la vida, ¿cómo comprender e interpretar 1 Corintios 14.34–35 y 1 Timoteo 2.11–15, además de los códigos domésticos en los que, aparentemente, se le relega al ámbito del hogar y a un papel de sumisión, dependencia y subordinación?

Comentario a 1 Corintios 14.34–35

Este es un texto que ha generado un amplio debate entre los eruditos y una diversidad de puntos de vista en su interpretación (Fee 1994:

791-798). Se trata de un texto polémico que puede explicar las razones por las que algunos eruditos afirman que fue introducido posteriormente; es decir, es una interpolación, negando así la autoría paulina de este pasaje. Por ejemplo, se afirma:

> En vista de que 14.34–35 no se incluyen uniformemente en los manuscritos más antiguos, los eruditos debaten su autenticidad paulina. Hay quienes piensan que fueron añadidos por algún escriba ansioso por mantener el liderazgo masculino en la iglesia. (Quesada 2019: 1500)

Se puntualiza, además, que:

> Aunque estos dos versículos están presentes en todos los manuscritos conocidos, ya sea aquí o al final del capítulo, hay dos criterios de crítica textual —el de transcripción y el de probabilidad intrínseca— que se combinan para proyectar considerables dudas en cuanto a su autenticidad. (Fee 1994: 791)

No ignorando la discusión académica sobre la autenticidad o no de este pasaje, lo que no se debe perder de vista en todo intento de interpretación de este es que se trata de un texto situado en una sección más amplia en la que se discuten las normas prácticas para un buen orden en las reuniones de la comunidad de discípulos, evitando así situaciones de desorden y confusión (1Co 14.1–40). Un pasaje que termina con palabras bastante claras y sugerentes con respecto al orden y a la decencia que se debe mantener en las reuniones comunitarias: «pero hágase todo decentemente y con orden» (1Co 1.40).

En el análisis de 1 Corintios 14.34–35 es importante tener en cuenta que este texto forma parte de una sección más amplia en la que se discute sobre el orden del culto (1Co 14.1–40). Asimismo, 1 Corintios 14.33–35, ubicado en esta sección más amplia, parece estar fuera de lugar o haber sido interpolado,[20] porque luego de estos

---

[20] En relación con este asunto, se señala lo siguiente: «La primera observación es que esta prohibición contradice el reconocimiento expreso de Pablo del derecho de las mujeres a participar en la oración comunitaria y profetizar (1Co 11.5), y que es la misma prohibición que se encuentra en 1Ti 2.11–15. Esto ha llevado a muchos autores a pensar que [...] nos encontramos ante una interpolación posterior que podría haberse realizado en el tiempo de las Cartas Pastorales y, probablemente,

versículos, el apóstol Pablo retoma nuevamente el tema del orden del culto:

> ¿Acaso ha salido de vosotros la palabra de Dios, o sólo a vosotros ha llegado? Si alguno se cree profeta, o espiritual, reconozca que lo que os escribo son mandamientos del Señor. Mas el que ignora, ignore. Así que, hermanos, procurad profetizar, y no impidáis el hablar en lenguas; pero hágase todo decentemente y con orden. (1Co 14.36–40)

Habría que tener en cuenta, además, que si en efecto el apóstol Pablo estaba en contra de la participación pública de la mujer en el culto común, ¿cómo comprender lo que previamente había expresado acerca de la participación pública de la mujer con sus oraciones y palabras de profecía?: «Pero toda mujer que ora o profetiza con la cabeza descubierta afrenta su cabeza; porque lo mismo es que si se hubiese rapado» (1Co 11.5). Las palabras de 1 Corintios 14.34–35 serían entonces una abierta contradicción con lo expresado en 1 Corintios 11.5, donde acepta el derecho de la mujer a profetizar y dirigir la oración en público. De manera más precisa:

> Más difícil aun es el hecho de que estos versículos contradigan tan obviamente a 11.2–16, donde se da por entendido, sin reproche, que las mujeres oran y profetizan en la asamblea, para no mencionar que eso también se da por sentado en el reiterado «todos» de los vv. 23–24 y 31 en el «cada uno» del v. 26. Este problema es tan manifiesto, que la mayoría de las interpretaciones que consideran auténticas estas palabras invierten gran parte de su energía en «dar un rodeo» a su significado evidente,

---

por un discípulo próximo a las posiciones del autor de 1Ti 2.11–15; por otra parte, la referencia a la "ley" parece indicar que es un reflejo de influencias judías que están indicando un proceso de reincorporación de las estructuras familiares judías —y por tanto patriarcales—, que venía desarrollándose en las Iglesias cristianas coincidiendo con el comienzo del proceso de estructuración de los ministerios eclesiales, y cuyo primer resultado consistía en un alejamiento de aquellos que eran de tipo carismático y en un acercamiento progresivo a la institucionalización y patriarcalización de los mismos [...]. Pero, tanto si se trata de una interpolación como si no, lo que sí parece es que estamos ante una muy clara regresión en lo que atañe al derecho de la mujer para hablar y participar en las asambleas cristianas» (Bautista 1993: 109–110).

con el fin de permitir que ambos pasajes coexistan lado a lado en la misma carta. (Fee 1994: 794)

Parece, entonces, más aceptable la opinión de que en realidad el apóstol Pablo no estaba en contra de la participación pública de la mujer en el culto, sino que el problema al que se refiere era al desorden y la confusión que causaban las palabras y las preguntas de algunas mujeres que, incluso, podían generar división en el seno de la comunidad de discípulos. En tal sentido:

> Lo importante es entender los versículos en debate en el contexto más amplio del tema del orden en los cultos. Es posible que en la congregación hubiera mujeres que estaban perturbando ese orden hablando demasiado o expresando opiniones que daban pie a la división. En todo caso, la intención del apóstol no es rebajar a las mujeres sino enfatizar la seriedad de lo que significa la reunión dedicada a la adoración a Dios [...]. Como aclara 14.36–39, la finalidad de la exhortación es restaurar el propósito del culto mediante el ejercicio de los dones otorgados por Dios, incluyendo el de profetizar y el de hablar en lenguas, respetando la consigna para el orden en los cultos, que todo *debe hacerse de una manera apropiada y con orden* (14.40) [...]. (Quesada 2019: 1500)

Si el problema principal al que el apóstol Pablo se estaba refiriendo en 1 Corintios 14.34–35 era el desorden y la confusión provocados por algunas mujeres en el desarrollo del culto común, consecuentemente, comparando este pasaje con 1 Corintios 11.5, lo que aquí se desaprobaría sería, no la participación carismática de las mujeres en las reuniones de la comunidad de discípulos, sino las conversaciones incontroladas y perturbadoras. En consecuencia:

> ... las considerables dudas acerca de su autenticidad deben servir de precaución contra su uso como prohibición eterna en una cultura en que no sería cosa indecorosa el que las mujeres hablaran de ese modo en la asamblea [cristiana]. Lo que parece cuestionable, desde el punto de vista hermenéutico, es la negación de todo el asunto circundante como aplicable a la iglesia, sobre

razones hermenéuticas previas, mientras que se elija este único pasaje, probablemente inauténtico, como una palabra válida para todos los tiempos y ambientes. (Fee 1994: 802)

Habría que precisar también lo siguiente:

Que la mujer calle en la iglesia, y que aprenda preguntando en casa, nada tiene de novedad cristiana, sino que corresponde al orden y decencia de la época (cf. 14.40). Curiosamente, de eso se tratan las instrucciones del capítulo, de que cuando entre un incrédulo o indocto a la reunión, no piense que están locos (14.23) o que todos son indecentes y viven en desorden (14.40). El mandato de silencio a la mujer no es un fin en sí mismo, sino que tiene como objetivo evitar que la iglesia de Corinto venga a ser tropiezo a judíos o gentiles. (Ortega 2021: 69)

En conclusión, a la luz de toda la discusión precedente, se puede afirmar que el contenido de 1 Corintios 14.34–35 no es una norma general o universal aplicable para todos los contextos sociales y culturales. Se trata más bien de una palabra pastoral y docente orientada a corregir la actitud pública de ciertas mujeres en la comunidad cristiana de Corinto que durante el culto común interrumpían continuamente con sus preguntas, generando confusión y desorden entre los presentes, sean judíos o gentiles.

Comentario a 1 Timoteo 2.11–15

Particularmente, sobre 1 Timoteo 2.11–12, se acentúa lo siguiente:

Los evangélicos que se oponen o que limitan la participación de las mujeres en la predicación, la enseñanza o el ejercicio de la autoridad en la iglesia, consideran a 1 Timoteo 2.11–12, como el más fuerte y el más claro texto bíblico para apoyar su punto de vista. (Scholer 1986: 193)

Con relación a 1 Timoteo 2.11–15, un texto difícil y polémico, existen por lo menos dos puntos de vista cuando se intenta reconstruir el contexto de la cita. Se afirma, por ejemplo, que el contexto es un problema de lucha de poder en la comunidad de discípulos a la que fue dirigida la carta. Lucha de poder en el que las mujeres de posición económica alta pretendían ser consideradas como una suerte de protectoras y, por lo tanto, con derecho al uso de la palabra en el culto comunitario. Se señala entonces que:

> Las ideas tradicionales presentes en los códigos domésticos de la ideología patriarcal, que excluyen a todas las mujeres de la enseñanza y el liderazgo, son utilizadas por el autor para resolver un problema circunstancial, en el cual una que otra mujer rica dominaba en la comunidad, y probablemente enseñaba algo que a los ojos del autor no convenía. (Tamez 2004: 83)

Desde otra óptica, se asume que este texto debe situarse en el contexto de la presencia de las falsas enseñanzas en la comunidad de discípulos de Éfeso (Haubert 1993: 78–79; Guthrie 1999: 86; Fee 2008: 103–104; Rodríguez 2019: 1583), un problema que afectaba especialmente a las mujeres que se convertían en correas de trasmisión de esas falsas enseñanzas. De manera más específica, se acentúa que la prohibición:

> … de que la mujer enseñe (1Ti 2.11–15) se refiere a una mujer en particular, probablemente una maestra falsa, dado que viene hablando de las mujeres en los versículos anteriores (9–10) y este párrafo abre hablando de la mujer en singular. Por tanto, se infiere que no es una prohibición universal, que contradeciría lo que Pablo comunica en otros pasajes, donde se refiere a mujeres como consiervas en el ministerio, como en el caso de Febe (Ro 16.1–2) y de Evodia y Síntique (Fil 4.2–3) […]. (Sendek 2019: 328)

Se afirma también que «una buena parte del problema de la iglesia de Éfeso estaba en la enseñanza» (Fee 2008: 103) y que «lo más probable es que tales instrucciones pretendan corregir la tendencia a ser *chismosas y entrometidas, hablando de lo que no deben* (5.13)» (Fee 2008: 103). Asimismo, se añade que «al parecer estas instrucciones responderían a alguna forma de comportamiento impropio y perturbador, que incluía quizá la escandalosa afirmación de herejías» (Fee 2008: 104). Además, se precisa lo siguiente:

> … el problema se da especialmente en el ámbito de la falsa ense- ñanza por parte de maestros ignorantes (1.4–7), y su manera de

explotar la falta de conocimiento de las mujeres para esparcir sus errores (ver 1.7; 5.13, 2Ti 3.6, y Tit 3.9) […]. Es de esperar que la situación en Éfeso cambie cuando las mujeres sean instruidas, como parece que en efecto sucedió por las menciones de algunos casos puntuales (ver Fil 4.2, 3; Ro 16.1–4) […]. (Rodríguez 2019: 1583)

En la interpretación de este pasaje difícil y polémico no se debe olvidar que se trata de un texto inmerso en una sección más amplia en la que se dan instrucciones sobre la conducta de las mujeres en las reuniones de oración (1Ti 2.1–15). Y no se tiene que olvidar también que, de casos particulares, no se pueden derivar enseñanzas universales o prohibiciones absolutas, válidas para todos los tiempos. Debe quedar claro entonces lo siguiente:

El contexto de la instrucción […] es el de la asamblea litúrgica o la congregación cristiana, en la cual los varones deberán orar con las manos levantadas y las mujeres con vestidos no ostentosos. Si es así, entonces se trataba pues, de una asamblea en la cual participaban activamente en la oración hombres y mujeres, pero que, por las luchas de poder, se quería eliminar la participación de las mujeres en la enseñanza. (Tamez 2004: 78-79)

Es interesante observar además que, al «decir que *la mujer ha de aprender*, Pablo presupone que las mujeres participaban en la adoración pública y su instrucción se dirige también a ellas» (Fee 2008: 103). Aunque el texto «da la impresión de que el autor quiere que el comportamiento sumiso y resignado, contrario a ejercer la enseñanza y la autoridad sobre el varón, se aplique asimismo en la vida diaria de las mujeres» (Tamez 2004: 79), el problema era la falsa enseñanza en Éfeso, por lo que, para responder a ese problema concreto en ese contexto particular, el apóstol Pablo «ordena que las mujeres no enseñen a los hombres» (Rodríguez 2019: 1583). No se tiene que olvidar que «en otros contextos permite que oren o profeticen (1Co 11.5, 13), y que enseñen de vez en cuando (Hch 18.26; 1Co 14.26)» (Rodríguez 2019: 1583).

Las expresiones «La mujer aprenda en silencio» (1Ti 2.11) y «no permito a la mujer enseñar, ni ejercer dominio sobre el hombre, sino estar en silencio» (1Ti 2.12) deben tomarse como una norma de disciplina dada para un momento específico en el que la actitud de ciertas mujeres cristianas amenazaba con alterar la paz social y religiosa de la comunidad de discípulos, antes que, como una norma, principio o regla, válida para todas las épocas y contextos. Esto a la luz de la evidencia bíblica y, particularmente, de la mención del propio apóstol Pablo en otras cartas de su autoría sobre las mujeres que fueron sus compañeras de misión o colaboradoras (Priscila, Febe, Evodia y Síntique, entre otras), así como de la mención de Lucas en Hechos de los Apóstoles acerca de las mujeres activas en la extensión de la buena noticia del reino de Dios (Priscila, Lidia).

En síntesis:

> … estos textos no deben utilizarse para justificar cualquier tipo de abuso o violencia contra las mujeres. El llamado a la humildad y al servicio es para todos, tanto hombres como mujeres. (Rodríguez 2019: 1583)

De manera que, en cuanto a 1 Timoteo 2.13–15, situando este fragmento en el contexto de la falsa enseñanza que aparentemente estaba ejerciendo gran influencia en las mujeres de la comunidad de discípulos de Éfeso, pastoral y docentemente, haríamos bien en tener en cuenta el siguiente consejo: «No cabe a partir de estos textos hacer generalizaciones para todas las mujeres y aplicarlas estrictamente a todos los casos» (Rodríguez 2019: 1583).

Finalmente, bajo el paraguas de la discusión precedente, un asunto debe quedar claro para evitar pensar, o seguir pensando, que el apóstol Pablo tuvo una opinión desfavorable y contraria al papel visible de las mujeres en la vida y misión de las comunidades de discípulos:

> Pablo no estaba censurando a las mujeres que enseñaban, sino que estaba prohibiendo que quienes no estaban bien preparadas ejercieran autoridad ilegítima y que quizá envenenaran la iglesia con más doctrina errónea. Su respuesta a este problema fue que las mujeres efesias debían aprender con actitud receptiva (v. 11) de modo que pudieran alcanzar integridad eclesiástica (v. 15) y así, enseñar desde una posición de madurez. (Haubert 1993: 83)

Las lecciones para nosotros

Textos como 1 Corintios 14.34–35 y 1 Timoteo 2.11–15, además de los llamados códigos domésticos (Col 3.18–19; Ef 5.22–24, 33; 1 Ti 2.9–3.15; 5.1–6; Tit 2.1–10), que provocan discusiones apasionadas, dolorosas y lamentables y que en ocasiones producen penosas divisiones en las comunidades de discípulos, no deberían leerse ni interpretarse de manera aislada o desconectada de todo el testimonio bíblico acerca del valor, la dignidad, la vocación, la responsabilidad y la misión de la mujer como coheredera del reino de vida del Dios de la vida. Para una mejor comprensión de estos textos, la siguiente sugerencia es valiosa, sobre todo para evitar interpretaciones que no hacen justicia al texto bíblico:

> Al introducirnos a las epístolas denominadas paulinas, debemos procurar entender el contexto sociocultural de la época y el lugar donde escribe el autor bíblico para hacer una adecuada lectura y comprensión de su mensaje, así como una correcta aplicación a nuestra época [...]. Uno de los primeros elementos a entender de este contexto, es la forma en el que el Imperio Romano se organizaba, pues esto se verá reflejado en la vida de las comunidades cristianas a las que el autor va a escribir. (Conferencia Episcopal Peruana-Comisión Episcopal de Catequesis, Pastoral Bíblica y Pastoral Indígena-Sociedad Bíblica Peruana 2012: 174)

Habría que preguntarse, además, si el mandato de Génesis 1.28–30 y el encargo de Génesis 2.15 («Tomó, pues, Jehová Dios al hombre y lo puso en el huerto de Edén para que lo labrara y lo guardase») fueron solo para los hombres, así como la denominada Gran Comisión de Mateo 28.18–20 y su eco en Marcos 16.15–16; Lc 24.44–49, al igual que el Gran Mandamiento de Juan 20.21 («Como me envió el Padre, así también yo os envío», cf. 17.18) y el mandato de Hechos 1.8.

Lo mismo vale para cuando uno se pregunta si el descenso del Espíritu Santo el día de Pentecostés fue una experiencia válida solo para los discípulos hombres (Hch 2.1–4) o si, más bien, se trató de una experiencia que niveló e igualó las relaciones mujer-hombre en la comunidad de discípulos y empoderó a mujeres y hombres para que fueran testigos-mártires de la buena noticia del reino de Dios en todas las fronteras sociales, políticas, culturales y religiosas de ayer, hoy y siempre.

Gálatas 3.28–29 es también un texto clave para toda discusión de si la mujer debe ocupar o no una posición visible de liderazgo en las comunidades de discípulos:

> … porque todos los que habéis sido bautizados en Cristo, de Cristo estáis revestidos. Ya no hay judío ni griego; no hay esclavo ni libre; no hay varón ni mujer; porque todos vosotros sois uno en Cristo Jesús. Y si vosotros sois de Cristo, ciertamente linaje de Abraham sois, y herederos según la promesa. (Gá 3.28–29)

Este texto paulino clave nos permite captar la comprensión y perspectiva que el apóstol Pablo tenía acerca de la dignidad, la posición, las relaciones y la misión común de los discípulos de Jesucristo, independientemente de su condición de hombre o mujer. Y es que:

> A pesar de que con frecuencia Pablo ha sido acusado de misógino (especialmente sobre la base de 1Co 14.34–35 y 1Ti 2.11–15), hay buena base para afirmar que el apóstol captó el espíritu liberador de Jesús en lo que atañe a las relaciones sociales, incluyendo la relación mujer-hombre. De todos los pasajes que podrían citar, el que más destaca es Gálatas 3.28. Según este texto, la obra redentora de Jesucristo cancela los efectos del pecado tales como las barreras entre los seres humanos. La única base para la relación con Dios es la fe en su Hijo. Consecuentemente, ya no tienen importancia las profundas divisiones del mundo antiguo: la división judío-gentil, clave para los judíos; la división libre-esclavo, crucial para la sociedad romana; la división hombre-mujer, más profunda que las otras por ser personal y no solo social (Gá 3.26–27) [...]. (Feser 2019: 795)

En Cristo desaparecen y quedan a un lado, entonces, las diferencias raciales, culturales, sociales y de género. La vocación de todos los discípulos, mujeres y hombres, es dar razón, en sus contextos particulares, de su identidad y misión como miembros de la comunidad del reino; una comunidad que, en su naturaleza y misión, es contracultural, contracorriente y antisistema frente a los principios y la forma de vida que imperan en la sociedad circundante. La libertad que los discípulos tienen en Cristo hace posible que amen al prójimo que cree y piensa distinto y que tiene una forma de vida distinta a la de ellos. Aman al prójimo porque es un mandato expreso del Dios de la vida, y porque lo aman, están dispuestos a dar la vida por ellos para que la gracia y la justicia prevalezcan sobre el odio, la mentira y la muerte.

En conclusión, con respecto a la evidencia bíblica sobre la presencia y el papel de la mujer, se puede afirmar que:

> … partiendo de los datos que nos suministran […] en especial el libro de los Hechos de los Apóstoles y las cartas de san Pablo, se puede reconstruir un panorama general de la presencia y el rol de la mujer en la primera Iglesia. Con estos datos, se puede llegar a la conclusión de que de hecho existe una presencia y un papel activo y reconocido de las mujeres en la vida de las comunidades, bajo diferentes formas y distintos niveles. En los primeros tiempos de la Iglesia, es de destacar, sobre todo, el status y los roles que ejercen las mujeres en las llamadas «Iglesias domésticas», surgidas tanto en la comunidad de Palestina como en las comunidades de Asia Menor y de Grecia. Pablo reconoce la eficacia de la actividad evangelizadora de esas mujeres y de su rol influyente como guías de la comunidad, y lo hace en paridad con otros colaboradores varones, e incluso con él mismo. Y es sugerente recordar que, al igual que en la sociedad judía la familia era conocida con el modismo de la «casa del padre», las Iglesias domésticas era conocidas como «la casa de…» o «la Iglesia de/en casa de… María, Lidia, etc.». (Bautista 1993: 167)

Capítulo 9

Febe

Discípula y diaconisa

La cuestión de si diakonos expresa un cargo, como quizá en Filipenses 1.1, o significa «misionera» o más en general «ayudante» ofrece considerable interés para dilucidar temas de gobierno interno en los primeros grupos cristianos y sobre el papel de las mujeres. (Meeks 2012: 108)

Introducción

El apóstol Pablo, considerado como el más grande misionero cristiano de todos los tiempos, tuvo muchos compañeros de misión o colaboradores y, entre ellos, a mujeres de distinto trasfondo social y cultural.[21]

---

[21] Entre los especialistas del corpus paulino no existe consenso con respecto a la identidad y a la designación de sus compañeros de misión o colaboradores. Dependiendo de cuán ampliamente se defina la palabra compañero o colaborador, según la opinión de los especialistas, su número puede variar. Unos afirman que la cantidad total fue noventa y cinco, mientras que otros sostienen que fueron ochenta y uno (Ellis 1993: 183). Sin embargo, cuando se eliminan los nombres de las personas que solo se mencionan en Hechos de los Apóstoles y los de aquellas cuya relación con el apóstol Pablo no se especifica o se menciona de manera bastante general, el número de sus compañeros o colaboradores podría ser de treinta y seis (Ellis 1993: 1983). Estas personas serían las siguientes (Ellis 1993: 184): Acaico (1Co 16.15–18), Andrónico (Ro 16.7), Apolos (1Co 3.5, 9; 4.9; 16.12), Apia (Flm 2), Aquila y Priscila (Ro 16.3–5), Arquipo (Col 4.17; Flm 2), Aristarco (Col 4.10; Flm 24), Bernabé (Hch 14.4, 14; 1Co 9.6–7), Clemente (Fil 4.3), Demas (Flm 24), Epafras (Col 1.7; 4.12;

De varios hace referencia en sus epístolas, y a otros se los menciona en Hechos de los Apóstoles.

En ciertos casos, no se dice claramente la naturaleza de su servicio o ministerio, como en las experiencias de Tíquico (Ef 6.21) y de Epafras (Col 1.7; 4.12). En otros, se menciona claramente la naturaleza de la actividad en la que estaban involucrados, como en las referencias a Timoteo (Fil 2.19–22) y a sus otros colaboradores (Aristarco, Marcos y Jesús en Col 4.10–11).

De manera particular, una extensa relación de sus compañeros de misión y colaboradores aparece en el último capítulo de la Epístola a los Romanos.[22] En esa relación, una de las mujeres más destacadas, para quien utiliza palabras de elogio, es Febe, diaconisa de la comunidad de discípulos de Cencrea.[23]

Flm 23), Epafrodito (Fil 2.25), Erasto (Hch 19.22; Ro 16.23), Evodia y Síntique (Fil 4.2–3), Fortunato (1Co 16.15–18;), Junia (Ro 16.7), Justo (Col 4.10–11), Lucas (Flm 24), Marcos (2Ti 4.11; Flm 24), María (Ro 16.6), Onésimo (Col 4.9), Pérsida (Ro 16.12), Filemón (Flm 1, 7, 17), Febe (Ro 16.1), Cuarto (Ro 16.23), Sóstenes (1Co 1.1), Silas (Hch 15.22), Estéfanas (1Co 16.15–18), Timoteo (2Co 1.1, Col 1.1–2), Tito (2Co 2.13; 8.23), Trifena y Trifosa (Ro 16.12), Tíquico (Ef 6.21), Urbano (Ro 16.9). Las designaciones más comunes para sus colaboradores o compañeros de viaje son las siguientes (Ellis 1993: 184): Hermano (*adelphos*, como en el caso de Apia en Flm 2), apóstol (*apostolos*, como en el caso de Bernabé en Hch 14.4, 14), ministro (*diakonos*, como en el caso de Arquipo en Col 4.17), consiervo o siervo (*syndoulos o doulos*, como en el caso de Epafras en Col 1.7, 4.12), compañero (*koinonos*, como en el caso de Filemón en Flm 1.17), trabajador (*hokopion*, como en el caso de María en Ro 16.6), compañero de milicia (*systratiotes*, como en el caso de Arquipo en Flm 2), compañero de prisiones (*synaichmalotos*, como en el caso de Andrónico en Ro 16.7) y colaborador (*synergos*, como en el caso de Priscila y Aquila en Ro 16.3–5).

22 En el capítulo 16 de la Epístola a los Romanos se hace referencia a veintiséis personas, veinticuatro de las cuales son mencionadas por su nombre, y dos de ellas de manera indirecta (la madre de Rufo y la hermana de Nereo). Particularmente, llama la atención que de las veintiséis personas nombradas por el apóstol Pablo, aparte de los datos que permiten apreciar la existencia de una diversidad social y racial en la iglesia de Roma, diez de estas fueron mujeres (si consideramos que Junias es nombre de mujer): Febe, Priscila, María, Junias, Trifena, Trifosa, Pérsida, la madre de Rufo, Julia, la hermana de Nereo.

23 En relación con Febe, particularmente sobre su condición de diaconisa, se afirma: «Al llamar a Febe una *diakonos* de la iglesia en Cencrea […], Pablo puede querer decir simplemente que es una cristiana llamada, como todos los cristianos, a ser sierva de Cristo y de la iglesia […]. Pero, con el agregado *de la iglesia de Cencrea* (que le da un tinte más oficial a la designación), es más probable que Pablo esté diciendo que Febe tiene el cargo de diaconisa (ver Fil 1.1; 1Ti 3.8, 12; muchos consideran que 1Ti 3.11 se refiere a las diaconisas) […]. Quizá la condición secular de Febe haya tenido que ver con su nombramiento para tal ministerio, ya que en el v. 2b Pablo la

Como se ha mencionado, según el testimonio de la Epístola a los Romanos, Febe (*radiante*) fue una de las compañeras de misión o colaboradoras más cercanas del apóstol Pablo. La única referencia a ella se encuentra en Romanos 16.1–2. De esta mención, se deduce que fue una discípula y diaconisa bastante comprometida con la extensión de la buena noticia de salvación. Se deduce también que formaba parte de la comunidad de discípulos de Cencrea, uno de los dos puertos marítimos cercanos a Corinto.[24]

Según la opinión de los expertos, parece que fue ella quien llevó la Epístola a los Romanos a la comunidad de discípulos de esa ciudad (Bruce 1993: 252; Shogren 2019: 1479; Stott 2007: 461; Meeks 2012: 35). Uno de ellos precisa que «aparentemente ella llevaba la carta de Pablo, y él pide para ella una hospitalidad digna» (Walls 2003: 499). Las palabras del apóstol Pablo en Romanos 16.1–2, con referencia a Febe, confirman esta impresión: «Os recomiendo además nuestra hermana Febe […] que la recibáis en el Señor […] y que la ayudéis en cualquier cosa que necesita de vosotros […]» (Ro 16.1–2).

De la referencia a Febe en Romanos 16.1–2, se infiere además que se trataba de una discípula de Jesús que tenía una posición de liderazgo visible en la comunidad de discípulos del puerto de Cencrea, y que era una persona bastante confiable y cercana al apóstol Pablo. Tuvo que ser así porque no a cualquier persona se la recomienda públicamente en una carta y, menos aún, cuando está en juego el honor de quien la firma.[25]

Una discípula confiable y generosa

Las referencias a Febe, registradas en la Epístola a los Romanos, indican que el apóstol Pablo conocía bastante bien a esta mujer cristiana

---

llama *prostatis* «protectora»), palabra con que generalmente se designaba a personas ricas que se convertían en padrinos o mentores de personas o movimientos […]» (Moo 2019: 1199).

[24] Cencrea, ciudad situada en el golfo Sarónico, era uno de los dos puertos marítimos de Corinto (Bruce 1993: 252). Servía como puerto exterior de la metrópoli de Corinto para atender el tráfico marítimo entre el Egeo y el Levante.

[25] En cuanto a las cartas de recomendación, se precisa que «eran comunes en el mundo antiguo, y eran necesarias para protegerse de los charlatanes (Stott 2007: 461).

profundamente comprometida con la comunidad de discípulos en el puerto de Cencrea. Esto explica por qué la llama hermana *(adelphos)*, reconociendo así que, como discípula del Señor Jesús, ella formaba parte de la familia cristiana: «Os recomiendo además nuestra hermana Febe [...]» (Ro 16.1).

En cuanto a esta mención, se tiene que puntualizar que la Epístola a los Romanos no la estaba llevando una persona desconocida para la comunidad de discípulos de la ciudad de Roma, sino un personaje bastante conocido en el ámbito cristiano de aquel tiempo. El apóstol Pablo estaba recomendando a la *adelphos* Febe para que los discípulos de la ciudad de Roma la recibieran y trataran como se tenía que recibir y tratar a una condiscípula y consierva en el Señor.[26]

La frase «Os encomiendo» *(synistemi)* era una expresión habitual para presentar a un amigo a otras amistades (Fitzmyer 1972: 200); de manera que Febe fue para el apóstol Pablo una discípula en la que él confiaba. Por esa razón, la recomendó en un documento que debía ser leído ante un público cristiano diverso, como parece que fue la comunidad cristiana de Roma, tal como se desprende de Romanos 16.1–16. Las palabras de recomendación del apóstol Pablo resaltan aún más si se tiene en cuenta que, antes de emitir una carta en la que se compromete públicamente el honor de la persona que escribe y que firma este documento, el remitente tiene que estar convencido del buen testimonio de la persona a quien recomienda.

Febe fue, además, una discípula ejemplar que puso al servicio del Señor, de los creyentes y del prójimo su vida y sus posesiones materiales. El apóstol Pablo, sobre el compromiso cristiano y las acciones desinteresadas de Febe, subraya que ella «ha ayudado a muchos, y a mí mismo» (Ro 16.2). Parece que fue de posición económica alta, cuyos recursos materiales fueron utilizados para ayudar a muchos hermanos en la fe; entre ellos, el propio apóstol Pablo. Esto se infiere del significado de la palabra griega *prostatis* (una persona que ayuda a otras), utilizada para referirse a personas que eran patronas o propietarias, patrocinadoras o benefactoras (Stott 2007: 462). Si Febe fue una patrona o patrocinadora,

---

[26] Dentro del ámbito cristiano, las cartas de recomendación fueron especialmente útiles para guardar a las nacientes comunidades de discípulos de la presencia peligrosa de los embaucadores y los charlatanes itinerantes.

una *prostatis,* su hogar pudo haber sido entonces el lugar en el que la comunidad de discípulos de Cencrea se reunía, y ella pudo haber tenido una posición de honor como benefactora de la comunidad de discípulos.

A la luz del testimonio de Febe, particularmente de la referencia a ella como una *adelphos* (hermana), se puede afirmar que la relación más significativa que une a los miembros de la comunidad de discípulos es el reconocimiento de que todos son hermanos en el Señor. Esa es la razón fundamental por la que, más allá de la distancia geográfica y la diversidad cultural y social, la comunidad de discípulos es una familia que trasciende fronteras de todo tipo. En consecuencia, las comunidades de discípulos deben ser comunidades inclusivas en las que se hayan eliminado todas las formas de exclusión social, racial, cultural o económica que predominan en la sociedad circundante.

En las comunidades de discípulos, constituidas para ser señales visibles de la presencia del reino de Dios en los espacios geográficos en las que están situadas, todas las personas tienen que ser tratadas y valoradas como seres humanos creados a la imagen de Dios, cuya dignidad no debe ser menoscabada ni devaluada en ningún sentido. Así fue como, siguiendo fielmente el consejo apostólico, la comunidad de discípulos de la ciudad de Roma tuvo que haber tratado y valorado a la hermana Febe.

Una mujer con un liderazgo visible

El apóstol Pablo, cuando menciona a Febe en la Epístola a los Romanos, expresa que se trata de una «diaconisa de la iglesia de Cencrea» (Ro 16.1). A pesar de que no se tiene información precisa sobre la naturaleza de este oficio o posición en las primeras comunidades de discípulos, la mención a Febe como diaconisa (*diakonos*) indica que era una mujer cristiana que tenía un servicio activo en la iglesia de Cencrea.

En esos años, una diaconisa, o ministra de la iglesia, tenía cierto trabajo administrativo en la iglesia primitiva y estaba dedicada a servir a las personas pobres y a los miembros más necesitados de la congregación. Además, parece que ese oficio tenía relación también con la ayuda que se requería brindar a las mujeres convertidas a la fe cristiana cuando estas se bautizaban (Morris 1992: 529; Guthrie 1999: 97).

Incluso, si se tienen en cuenta las palabras del apóstol Pablo que se refieren a ella como una diaconisa, existe la posibilidad de que Febe haya sido «la ministro o la pastora de la iglesia en Cencrea» (Kasali 2006: 1375). Del papel de las diaconisas se afirma lo siguiente:

> En el NT hay una cantidad de indicaciones de que las mujeres eran designadas diaconisas, tanto como los hombres. Febe era *diakonos* de la iglesia de Cencrea (Ro 16.1) [...]. Las diaconisas tenían libertad de movimientos en el seno de las casas, para alcanzar a las mujeres y los niños. Representaban un papel importante en el bautismo de las mujeres, y en la continuidad de la enseñanza de los convertidos. Alrededor de esta época fue que se acuñó el término femenino *diakonisa*. (Stinton 2003: 353)

En suma, cualquiera fuera el significado específico de la palabra *diakonos*, no cabe duda de que Febe tuvo una posición visible de liderazgo en la comunidad de discípulos del puerto de Cencrea (Shogren 2019: 1479).[27]

En su servicio a las personas, Febe fue también una mujer bastante generosa y solícita. Así lo reconoció el propio apóstol Pablo: «... ella ha ayudado a muchos, y a mí mismo» (Ro 16.2). Su generosidad fue inclusiva, tal como se desprende de la frase «a muchos», una expresión que indica que una cantidad indeterminada de personas fueron beneficiadas por su generosidad cristiana. Además, si como benefactora o patrocinadora (*prostatis*), puso al servicio de la comunidad de discípulos todas sus posesiones, resulta posible que su hogar haya sido el centro de reunión de los creyentes de Cencrea. Pudo haber sido así porque posiblemente:

> ... Febe era una señora independiente (probablemente viajaba a Roma por imperativos de sus propios negocios y no sólo para llevar la carta de Pablo), que poseía alguna riqueza y formaba parte de los dirigentes de los grupos cristianos de la ciudad portuaria de Cencrea. (Meeks 2012: 109)

---

[27] En relación con este asunto, la discusión se centra en determinar si la palabra diaconisa (*diakonos*) expresa «una posición oficial de liderazgo o un servicio general» en el seno de una comunidad de discípulos (Morris 1992: 529).

El ejemplo de Febe, mujer cristiana sumamente generosa, constituye un modelo permanente de compromiso cristiano. Los gestos visibles de generosidad de esta fiel discípula de Jesús de Nazaret, reconocidos por el propio apóstol Pablo, son desafíos específicos para la vida y misión de las iglesias evangélicas en cualquier realidad histórica y tiempo. Es un paradigma de servicio generoso a los hermanos en la fe y un ejemplo concreto de fidelidad al Dios de la vida.

La experiencia de servicio y liderazgo visible de Febe, particularmente en un contexto en el que todavía existía resistencia a reconocer que las mujeres también son llamadas a un servicio activo en la misión de Dios, representa y perfila un modelo concreto de liderazgo femenino capaz, contextual, eficaz, eficiente y relevante.

Como Febe, también en distintos contextos, muchas mujeres evangélicas están comprometidas en diversas acciones de misión integral. Se trata de las mujeres que reúnen fondos económicos para la compra de terrenos y la construcción de templos; mujeres que comienzan nuevas iglesias; mujeres que visitan cárceles y hospitales; mujeres que trabajan con niños y adolescentes en situación de riesgo; mujeres que dirigen los programas sociales de las iglesias; mujeres que están activas en acciones de lucha contra la pobreza; mujeres comprometidas en programas de prevención, cuidado y defensa de las mujeres que sufren violencia; mujeres que ofrecen sus hogares para que se reúnan los discípulos.

¡Febe tiene muchas mujeres que siguen su ejemplo en diferentes realidades sociales, culturales y políticas! A la luz de su experiencia concreta, se puede afirmar que no cabe duda de que las iglesias necesitan más mujeres como Febe, mujeres que asuman posiciones de liderazgo en igualdad de condiciones que los hombres.

Capítulo 10

Priscila

Discípula, líder y misionera

Introducción

A mediados del primer siglo, durante los primeros años de expansión misionera de las comunidades de discípulos, una mujer cristiana bastante comprometida con la defensa y la confirmación del evangelio fue Priscila o Prisca. De origen judío, con el apoyo solidario de su esposo Aquila, fue una de las compañeras de misión y colaboradoras fieles del apóstol Pablo, tal como se desprende de las referencias a ella y a su esposo en Hechos 18.1–3, 18, 26; Romanos 16.3–5; 1 Corintios 16.19 y 2 Timoteo 4.19.

El protagonismo visible de Priscila y de otras discípulas, como Febe y Lidia, destaca especialmente porque en el primer siglo, en el mundo judío y grecorromano, las mujeres estaban relegadas al ámbito del hogar:

> En la cultura de aquel tiempo, la mujer no podía participar en la vida pública. No había lugar para ella. La función de la mujer estaba en el interior de la casa, en la vida de la familia. Y allí, de hecho, coordinaba, era la señora de la casa. Sólo podría tener lugar y participación en la iglesia, si ésta funcionaba en el interior de las casas [...]. Ahora bien, las comunidades fundadas por Pablo se reunían en las casas del pueblo. Por eso se las llama *iglesias domésticas*. En casi todas estas iglesias domésticas, mencionadas en las cartas de Pablo, aparece el

nombre de una mujer en cuya casa se reúne la comunidad, en la casa del matrimonio inmigrante de *Priscila* y Aquila, tanto en Roma (Ro 16.15) como en Corinto (1Co 16.19); en la casa de Filemón y *Apia* (Flm 2); en la casa de *Lidia* en Filipo (Hch 16.15); en la casa de *Ninfa* en Laodicea, que llegó a recibir una carta de Pablo, carta que no ha sido conservada (Col 4.15); en la casa de Filogonio y *Julia*; Nereo y *su hermana* y de *Olimpas* (Ro 16.15). Así, a través de la creación de iglesias domésticas, Pablo abrió espacio para que las mujeres pudieran ejercer la función de coordinadoras de comunidades. (Mesters 1993: 107)

¿Qué datos particulares sobre el compromiso misionero de Priscila se puede deducir de los pasajes bíblicos en los que se la menciona? ¿Cuál fue su aporte específico a la misión cristiana a mediados del primer siglo? ¿Qué lecciones se derivan de su experiencia concreta como compañera de misión y colaboradora del apóstol Pablo?

Priscila representa un modelo ejemplar de discípula al servicio de la misión de Dios. Ella tuvo un papel visible y protagónico en la misión de Dios en un contexto social y cultural en el que la mujer estaba relegada a un papel secundario en la vida pública. La experiencia concreta de Priscila da cuenta de la dignificación de la mujer en la sociedad grecorromana. Además, muestra que la fe cristiana, desde un inicio, provocó cambios profundos en la relación mujer-hombre que transformaron notablemente el papel público de las mujeres.

Una discípula comprometida con Cristo

De la información dispersa que se tiene sobre Priscila en varios documentos del Nuevo Testamento, se deduce que ella fue una discípula comprometida con Cristo y, consecuentemente, con la proclamación de la buena noticia de salvación en la sociedad grecorromana de mediados del primer siglo.

Sabemos que Priscila (llamada también Prisca según 2Ti 4.19) y su esposo Aquila tenían el oficio de talabarteros o fabricantes de tiendas (Hch 18.3).[28] De Aquila se afirma que era oriundo del Ponto (Hch 18.2). Ambos viajaron con el apóstol Pablo de Corinto a Éfeso, y estuvieron en aquella ciudad cuando llegó allí un famoso predicador de nombre Apolos a quien ellos instruyeron solícitamente en la fe cristiana (Hch 18.18–19, 24–28).

Parece que su casa en la ciudad de Éfeso fue el lugar de reunión de la iglesia en esa metrópoli, especialmente si se tiene en cuenta que la 1 Epístola a los Corintios fue escrita, según se cree, desde la ciudad de Éfeso (1Co 16.19).[29] Conocemos, además, que Priscila y Aquila regresaron a la ciudad de Roma (Ro 16.5) luego de la muerte del emperador Claudio, César romano que había decretado la expulsión de los judíos de la capital del imperio (Hch 18.1).[30] De la mención a ellos en la Epístola a los Romanos se deduce también que su casa en Roma fue uno de los puntos de encuentro de los discípulos en esa ciudad.

Toda esta información sobre Priscila y su esposo Aquila da testimonio de la fidelidad de esta mujer cristiana.[31] Ella fue, según el testimonio bíblico, una de las compañeras de misión o colaboradoras más comprometidas y leales del apóstol Pablo: «Saludad a Priscila y a Aquila, mis colaboradores en Cristo Jesús» (Ro 16.3). A Priscila y su esposo Aquila, el apóstol Pablo les envió saludos también en una de las cartas a su discípulo amado Timoteo: «Saluda a Prisca y a Aquila […]» (2Ti 4.19).

Está claro, entonces, que Priscila fue una discípula comprometida con Cristo y con el avance del testimonio cristiano a mediados del primer siglo. Fue en su casa de Éfeso, Corinto y Roma donde los creyentes de esas ciudades encontraron un espacio común para reunirse y expresar colectivamente su compromiso con Jesucristo. ¿No necesitamos también en este tiempo discípulas generosas y solícitas, como Priscila, para que la buena noticia de salvación se difunda en diversas realidades sociales, culturales y religiosas?

---

28 Casi todas las versiones traducen *skenopios* como fabricante de tiendas de campaña (Stott 2010: 352), aunque puede traducirse también como «tejedor de lona para tiendas» (Meeks 2012: 51).

29 En Éfeso «la iglesia, o una porción de ella, se reunía en su casa (18.18–19, 26)» (Stott 2010: 352).

30 El edicto del emperador Claudio se promulgó el año 49 d. C. Este edicto provocó la expulsión de todos los judíos de la ciudad de Roma.

31 Se afirma que «Ro 16.3 nos muestra cuán conocida y amada era en las iglesias cristianas esta peripatética y siempre hospitalaria pareja» (Walls 2003: 97).

Una mujer con un liderazgo visible

Del testimonio bíblico se infiere también que Priscila y su esposo Aquila constituyeron un matrimonio cristiano hospitalario. Ambos pusieron sus posesiones materiales, sus casas, al servicio del avance del evangelio, tal como se desprende, por ejemplo, de la referencia en la 1 Epístola a los Corintios: «… Aquila y Priscila, con la iglesia que está en su casa, os saludan» (1Co 16.19). Lo mismo se menciona en la Epístola a los Romanos: «Saludad a Priscila y a Aquila, mis colaboradores en Cristo Jesús […]. Saludad también a la iglesia de su casa» (Ro 16.5).

¿Cómo sabemos que Priscila fue una líder cristiana visible? De las referencias a ella en el Nuevo Testamento (Hch 18.1–3, 18, 26; Ro 16.3–5; 1Co 16.19 y 2Ti 4.19), debido a que en la gran mayoría de las veces aparece antes que Aquila,[32] se infiere que ella tuvo un liderazgo más protagónico que su esposo (Morris 1992: 531; Marshall 1996: 292) o que «poseía un *status* más elevado que su esposo» (Meeks 2012: 107). En relación con este asunto se afirma que:

> Priscila, a la que en el versículo 3 [de Romanos 16] y en tres versículos más en el Nuevo Testamento se la menciona delante del esposo. Sea que la razón fuese espiritual (que ella se convirtió antes que él o fuera más activa en el servicio cristiano que él) o social (que ella fuera una mujer de reputación en la comunidad) o temperamental (que ella tuviese una personalidad dominante), Pablo parece reconocer y no criticar su liderazgo. (Stott 2007: 465)

Y se precisa, además:

> El hecho curioso de que normalmente se nombra a Priscila primero se ha interpretado como que se trataba de una dama romana de mayor alcurnia que su esposo […] o que ocupaba un lugar más destacado en la iglesia. La verdadera razón es imposible de descubrir. (Walls 2003b: 97)

---

[32] Aquila solo aparece en primer lugar en Hechos 18.2 y en 1 Corintios 16.19. Priscila aparece en primer lugar en Hechos 18.8, 26; Romanos 16.3 y 2 Timoteo 4.19.

Incluso se acota que, como en la mayoría de los casos se menciona a Priscila antes que su esposo Aquila,

> … algunos han deducido de esto que ella pertenecía a una clase social más elevada que él; que estaba relacionada, por emancipación si no por nacimiento, con la familia romana noble llamada *gens Prisca*. (Bruce 1998: 408)

Se acentúa también, tomando como argumento su nombre, que «Priscila era un nombre dado frecuentemente a mujeres patricias, tal vez, para dar cuenta de su procedencia no judía y de su elevado status social» (Kroeger 1997: 1217). Es bastante probable, entonces, como se deduce de toda esta información, que Priscila tuvo un papel destacado y visible como líder en las comunidades cristiana del primer siglo. ¡Una mujer creyente, como Febe y Lidia, bastante activa y con una visibilidad inocultable en el mundo patriarcal del primer siglo!

De ella y de su esposo Aquila se menciona también que:

> … ejercieron de patronos y protectores del propio Pablo y de las asambleas domésticas locales, pero se desplazaron en varias ocasiones; eran sin duda evangelizadores y, según Hechos 18.26, instructores teológicos de considerable poder. (Meeks 2012: 221)

La experiencia de Priscila da cuenta de que en las comunidades de discípulos del primer siglo hubo una horizontalidad, no solamente en las relaciones hombre-mujer, sino también en el liderazgo cristiano. Las mujeres, visiblemente, fueron protagonistas en primera línea, antes que personajes secundarios o anecdóticos.

Una misionera cristiana

Priscila y su esposo Aquila, como colaboradores del apóstol Pablo, lo acompañaron también en sus viajes misioneros. Así, durante el segundo viaje misionero del apóstol, ellos se dirigieron con él de Corinto a Éfeso:

> Mas Pablo, habiéndose detenido aún muchos días allí, después se despidió de los hermanos y navegó a Siria, y con él Priscila y Aquila, habiéndose rapado la cabeza en Cencrea porque tenía

> hecho voto. Y llegó a Éfeso, y los dejó allí; y entrando en la
> sinagoga, discutía con los judíos. (Hch 18.18–19)

Ambos vivieron cierto tiempo en la ciudad de Éfeso. Y fue allí donde guiaron a un vehemente predicador itinerante de nombre Apolos, poderoso en las Escrituras, por el camino de la fe cristiana (Hch 18.24–26).

Sin embargo, su compromiso cristiano fue mucho más allá de los viajes misioneros. Ellos fueron leales colaboradores del apóstol Pablo en la tarea de guiar a otras personas en el camino del Señor. Estuvieron dispuestos a ofrendar, incluso sus vidas, para el avance de la buena noticia de salvación:

> Saludad a Priscila y a Aquila, mis colaboradores en Cristo
> Jesús, que expusieron su vida por mí; a los cuales no sólo yo
> doy gracias, sino también todas las iglesias de los gentiles.
> (Ro 16.3–4)

Tal vez esta sea la razón por la que se afirma que «ambos eran, aparentemente, bien conocidos y venerados a través del mundo paulino como "colaboradores" que arriesgaron su vida por el apóstol» (Kroeger 1997: 1218).

¿Cómo y en qué momento expusieron su vida para proteger al apóstol Pablo? Lamentablemente, no tenemos información precisa sobre este asunto.[33] Sin embargo, sí es bastante claro que estuvieron dispuestos a morir para defender la integridad física de él. Esto explica la profunda gratitud que les tenían, no solamente el apóstol Pablo, sino también las iglesias localizadas en el mundo no judío del primer siglo. Ese gesto inequívoco de amistad cristiana constituye un modelo digno de imitar en una coyuntura histórica en la que, con frecuencia, se lesiona y se violenta la vida y la dignidad de muchos seres humanos, entre ellos, una cantidad considerable de evangélicos.

Priscila fue, entonces, una misionera que, además de poner sus bienes materiales al servicio de la misión cristiana, estuvo dispuesta a ofrendar su vida para que no se detuviera la proclamación del evangelio. Por lo tanto, para ella, la misión cristiana no se limitaba a

---

[33] Probablemente se refiera a uno de los momentos críticos que el apóstol Pablo pasó durante su estadía misionera en la ciudad de Éfeso (Hch 19.1–41).

la proclamación verbal de la buena noticia de salvación, pues incluía también poner en riesgo la integridad física e, incluso, la vida misma, para que más personas y sociedades conocieran el mensaje de vida y justicia del evangelio de Jesucristo.

Capítulo 11

Evodia y Síntique

Tensiones en el liderazgo

Introducción

En Hechos de los Apóstoles está el registro de cómo se inició la comunidad de discípulos en Filipos (Hch 16.11–40). Esta fue la primera ciudad de Europa a la que llegó la buena noticia del reino de Dios. El apóstol Pablo viajó a Filipos enviado y guiado por el Espíritu Santo (Hch 16.6–12). Fue allí donde se convirtieron a la fe cristiana la acaudalada Lidia (Hch 16.14–15), la muchacha que tenía un espíritu de adivinación (Hch 16.16–18) y el carcelero de Filipos (Hch 16.30–34). Todos estos datos, si se leen junto con la Epístola a los Filipenses, dan cuenta del profundo afecto que el apóstol Pablo tenía por los creyentes de esa ciudad: «Porque Dios me es testigo de cómo os amo a todos vosotros con el entrañable amor de Jesucristo» (Fil 1.8).

La Epístola a los Filipenses fue escrita por el apóstol Pablo desde la prisión, y uno de sus ejes transversales es el gozo o alegría cristiana. Varias veces, a lo largo de la carta, el apóstol Pablo invita a la comunidad de discípulos de la ciudad de Filipos a no perder de vista que el gozo en el Señor es el combustible que necesitan para alimentar la esperanza en medio de las vicisitudes de la vida (Fil 1.4, 18, 25; 2.2, 18; 3.1; 4.1, 4, 10).

Llama la atención, sin embargo, que, conociendo la experiencia del gozo cristiano y la importancia de este para el testimonio personal y público de los creyentes, Evodia y Síntique, dos mujeres creyentes bastante conocidas en la comunidad de discípulos de Filipos estuvieran peleadas o inmersas en problemas que afectaban la unidad de la iglesia.

¿Cómo y en qué circunstancias el apóstol Pablo conoció a Evodia y Síntique? No tenemos información específica sobre estos asuntos. Sin embargo, los datos consignados en Filipenses 4.2–3 proporcionan información, aunque ciertamente brevísima, respecto a la vida y el testimonio de estas dos mujeres que fueron compañeras o colaboradoras de misión del apóstol Pablo. Incluso se afirma que ambas fueron probablemente diaconisas de la iglesia de Filipos (Douglas 2003: 479). Además, los nombres griegos de ambas «pueden indicar que [...] estaban entre los grupos de mercaderes que eran *metecos* [extranjeros que no disfrutaban de todos los derechos de ciudadanía] en Filipos» (Meeks 2012: 102). Aunque se tiene que «notar, además, que había mujeres que gozaban de suficiente independencia para serles reconocido el derecho a participar en la misión paulina» (Meeks 2012: 102–103).

Tensiones internas

En la comunidad cristiana de Filipos, como ocurre en otros grupos humanos, hubo tensiones internas. Dos hermanas de la iglesia en esa ciudad europea no estaban viviendo en armonía y tenían desavenencias: «Ruego a Evodia y a Síntique, que sean de un mismo sentir en el Señor» (Fil 4.2).

¿Cuál fue el problema entre ellas? ¿Por qué estaban distanciadas? No sabemos con exactitud cuál fue el desacuerdo entre ambas. Tal vez fue doctrinal, ético, administrativo o una mixtura de estos asuntos. Esto explica por qué se afirma que «para nosotros es imposible saber cuál era la naturaleza del desacuerdo entre Evodia y Síntique» (Fee 2006: 497) o que no «sabemos cuál fue el origen, tema o momento de sus desavenencias» (Arana 2019: 1554). A pesar de no tener precisión sobre la causa de su desacuerdo o desavenencias, de las palabras del apóstol Pablo, se deduce que al «parecer estas dos dirigentes de la iglesia tenían desacuerdos que repercutían en toda la congregación» (Arana 2019: 1554). De manera más explícita se puntualiza que:

> Lo que le aflige a Pablo y lo lleva a hacer una exhortación no es que esas personas hayan caído en algún punto en particular, sino simplemente que han caído y han traído división dentro de la comunidad. (Motyer 1992: 204)

Se precisa, además, que:

> Dos mujeres, Evodia y Síntique, están enemistadas, y el apóstol les exhorta a resolver sus diferencias [...]. Puede ser que estas dos mujeres fueran «cabecillas» de facciones opuestas en la iglesia, y de allí la gravedad de situación que incita a Pablo a amonestarles públicamente mediante la carta. (Smith 1971: 73)

Cualquiera que haya sido el motivo de su distanciamiento, habiendo sido compañeras, lo que está claro es que ambas no se llevaban bien o estaban distanciadas por alguna razón; una realidad que explica la preocupación del apóstol Pablo por ellas, «que combatieron juntamente» con él en el evangelio, y por el testimonio cristiano. Una preocupación pastoral que se expresó o visibilizó en su ruego para que hagan las paces y en el pedido que le hizo a un «compañero fiel», cuyo nombre no sabemos, para que actúe como mediador (Fil 4.3). Es importante subrayar también que el apóstol «se dirige a ellas en iguales términos, revelando así que hay culpa en ambas partes y que ambas deben dedicarse a la resolución de la dificultad» (Smith 1971: 74).

¿Tuvo efecto positivo el papel del mediador para resolver el *impasse* entre Evodia y Síntique? ¿Finalmente, Evodia y Síntique lograron ponerse de acuerdo? No lo sabemos. Sin embargo, como cristianas, tienen que haber meditado en la preocupación y el ruego del apóstol Pablo para que «sean de un mismo sentir en el Señor» (Fil 4.2). Ocurrió así porque las tensiones y los problemas interpersonales, si no se resuelven adecuada y oportunamente, pueden lesionar y destruir la comunión y el compañerismo cristiano que estamos llamados a preservar en todo momento. En la comunidad de discípulos habrá tensiones y problemas interpersonales, como en cualquier grupo humano; sin embargo, no basta saber que las tensiones y problemas se presentarán en algún momento, sino que se los debe resolver en paz y con justicia, como corresponde a los discípulos de Jesucristo.

Una pastoral saludable

La tarea pastoral no es un asunto nada fácil. Las situaciones problemáticas que se presentan no se solucionan con recetas pastorales predeterminadas o prefabricadas. La tarea pastoral es un encargo delicado, pues está en cuestión la vida de seres humanos de carne y hueso con cuyos sentimientos no se puede jugar en ningún momento. A menudo, además, la tarea pastoral está acompañada de momentos de incomprensión, crítica, rechazo y frustraciones. De manera que, indudablemente, las lágrimas forman parte de esta hermosa y delicada tarea que exige una continua dependencia del Señor.

Los pastores tienen que velar por la salud integral de todos los miembros de la comunidad de discípulos. En ocasiones, no resulta grato tener que resolver problemas interpersonales que se presentan en el seno de la comunidad de discípulos, particularmente cuando estos problemas se relacionan con queridos amigos y compañeros de milicia cristiana. Esa fue precisamente la delicada situación que el apóstol Pablo trató de corregir en Filipos. En la comunidad de discípulos de aquella ciudad dos hermanas mostraban dificultades para trabajar juntas, pues ellas no tenían un mismo sentir y estaban distanciadas. El apóstol Pablo, profundamente preocupado por esa situación, pidió a uno de los líderes de la iglesia que ayude a Evodia y a Síntique a resolver sus diferencias y a reconciliarse:

> Asimismo, te ruego también a ti, compañero fiel, que ayudes a éstas que combatieron juntamente conmigo en el evangelio, con Clemente también y los demás colaboradores míos, cuyos nombres están en el libro de la vida. (Fil 4.3)

Para resolver este problema que afectaba a dos personas, incluso a toda la comunidad de discípulos, el apóstol Pablo comprendió que se requería de una tercera persona como mediador para ayudarlas a resolver sus diferencias. Como un mediador no puede ser una persona improvisada, un aprendiz o poco confiable, le pidió a uno de los líderes visibles de la iglesia de Filipos, a quien llamó «compañero fiel», que ayudase a Evodia y a Síntique a cambiar de conducta y a arreglar como cristianas el problema que no les permitía trabajar como parte de una misma comunidad de discípulos. Es interesante notar, además, que el «apóstol no toma partido por ninguna de ellas. No recomienda que las reprendan ni que las disciplinen, sino que las ayuden» (Arana 2019: 1554). ¿No deberíamos actuar así también nosotros, siendo imparciales, objetivos y justos?

Así como ocurrió en la iglesia de Filipos, también en este tiempo las congregaciones cristianas tienen que resolver los problemas que se presentan cuando dos o más creyentes no pueden trabajar en compañerismo y sus desavenencias afectan, finalmente, a toda la comunidad de discípulos. En esas circunstancias, los pastores tienen que actuar como mediadores para que la paz y la justicia prevalezcan sobre los conflictos y las injusticias. Y se espera que las personas involucradas, en lugar de ahondar los conflictos y de comprometer a más personas, cooperen para que se resuelvan los desacuerdos que están dañando la unidad de la iglesia.

La comunidad cristiana en acción

Evodia y Síntique formaban parte de la comunidad de discípulos en la ciudad de Filipos. Habían sido redimidas por el Señor para tener una forma de vida completamente distinta a la que prevalecía en la sociedad circundante. Ambas, con el apóstol Pablo y otros creyentes como Clemente, habían trabajado arduamente en la defensa y confirmación del evangelio (Fil 1.7). Así lo reconoció el mismo apóstol Pablo al decir lo siguiente: «… que combatieron juntamente conmigo en el evangelio, con Clemente también y los demás colaboradores míos, cuyos nombres están en el libro de la vida» (Fil 4.3).

Estas dos mujeres habían sido compañeras de misión del apóstol Pablo. Habían luchado o combatido para que la buena noticia del reino de Dios se extendiera en la región de Macedonia, especialmente en la ciudad de Filipos. Evodia y Síntique habían trabajado arduamente como compañeras del apóstol Pablo en la misión de hacer conocido el nombre de Jesucristo en esa región. Habían entendido que todos los cristianos, varones y mujeres, forman parte del pueblo de Dios en misión y que la tarea común tiene como horizonte la defensa y la confirmación del evangelio. Sin embargo, aunque sus nombres tenían un significado hermoso (Evodia = *fragancia*, Síntique = *felicidad*), sus desavenencias y su incapacidad de resolverlas decían todo lo contrario.

A pesar de este problema, que daba cuenta de la condición humana, de la fragilidad humana de personas como Evodia y Síntique (y también como nosotros), hubo personas (como el apóstol Pablo y un discípulo a quien él llama «compañero fiel») que tenían un interés genuino y sincero de que esta lamentable situación se resolviera en paz y con justicia cristianas. Y así fue con seguridad, aunque lamentablemente no tenemos información acerca de la forma como se resolvió finalmente este problema.

Algo está claro sobre Evodia y Síntique, más allá de sus problemas interpersonales: las dos tenían una posición visible de liderazgo y en algún momento fueron compañeras de misión del mismo apóstol Pablo. En relación con este asunto, el liderazgo de las mujeres en las comunidades de discípulos del primer siglo, se sostiene que en ese hecho:

> … tenemos una de las evidencias «silenciosas» del liderazgo de las mujeres en el Nuevo Testamento, un texto en el que Pablo habla del tema de forma natural, sin darle ninguna importancia porque se presupone, se da por sentado. Negar su papel en la iglesia de Filipos es contradecir lo que el texto dice. Ésta es la evidencia de que el Espíritu Santo no hace distinción de género, que reparte dones según quiere; nuestra tarea es reconocer los dones y «ayudar» a las personas, hombres y mujeres a «vivir en armonía con el Señor para que, todos juntos, vivamos y trabajemos por el Evangelio de una forma eficaz. (Fee 2006: 498)

La acción misionera de las comunidades de discípulos no se limita, entonces, a resolver problemas de relaciones interpersonales, sino también a generar espacios de servicio en favor de las mujeres que van a contracorriente, incluso de las relaciones mujer-hombre que predominan en las sociedades humanas. En otras palabras, la acción misionera de las comunidades de discípulos pone en tela de juicio y transforma las situaciones de inequidad e injusticia en contra de las mujeres. Evodia y Síntique, con su experiencia de liderazgo visible en la sociedad patriarcal del primer siglo, dan cuenta de esa realidad.

Capítulo 12

Mujeres, pobreza y liberación

La impronta movilizadora y transformadora del evangelio

Introducción

Se ha escrito bastante en las últimas décadas acerca del movimiento pentecostal en sus distintas expresiones y en los más variados contextos religiosos, sociales, culturales y políticos, pero muy poco sobre el protagonismo de las mujeres pentecostales más allá de la frontera religiosa, especialmente acerca de su contribución a la construcción de una democracia de ciudadanos en situaciones de crisis sociales, violencia política y desconstrucción de la democracia.

Existe entonces la necesidad de indagar en esa dimensión relegada de la teología y la espiritualidad pentecostales. Entre otras razones, porque para el caso de las mujeres, la impronta movilizadora y transformadora del evangelio no se limita solamente a una recuperación de la palabra, a otorgarles voz en la comunidad y a revalorar su dignidad y potencial humano. El horizonte teológico de la fe evangélica y su espiritualidad no se reducen a la dimensión privada de la vida, sino que abarca también lo público. Particularmente, las mujeres pentecostales, además de amas de casa y vecinas, son también ciudadanas plenas, con iguales derechos y responsabilidades que los hombres.

En este capítulo nos concentraremos particularmente en un examen crítico de la presencia de las mujeres pentecostales en dos escenarios particulares. En primer lugar, la presencia de las mujeres pentecostales peruanas en las organizaciones populares durante los años de violencia subversiva y contrainsurgente (1980–2000). En ese contexto histórico crítico participaron activamente en este esfuerzo colectivo de la sociedad civil para defender la democracia, como socias o beneficiarias y líderes, cuando la subversión armada y las fuerzas del orden amenazaron con destruirla. En segundo lugar, la participación activa de las mujeres pentecostales en acciones sociales y políticas que, desde las iglesias o instituciones vinculadas a estas, así como desde instituciones no religiosas de la sociedad civil, luchan diariamente contra la pobreza, la violencia y las desigualdades sociales y políticas que afectan directamente a las mujeres y a otros sectores sociales indefensos.

La intención principal del examen de la presencia de las mujeres pentecostales en la lucha contra las distintas violencias que las afectan y que devalúan su dignidad humana como creación de Dios es demostrar que no siempre, en todos los casos, los pentecostales (especialmente las mujeres) han sido apolíticos y contrarios a la política, partidarios de un abstencionismo político, defensores del *statu quo*, justificadores de regímenes represivos o entusiastas promotores de una huelga social.

De vecinas a ciudadanas: las mujeres pentecostales en la plaza pública

La historia reciente de nuestra región da cuenta de que las mujeres, y entre ellas las pentecostales, además de vecinas, paulatinamente, fueron convirtiéndose en ciudadanas. El proceso de conquista de su ciudadanía no fue fácil porque tuvieron que luchar contra la estructura mental patriarcal predominante y su expresión visible en las prácticas machistas cotidianas que aún subsisten en las frágiles democracias latinoamericanas e, incluso, en las iglesias.

Las mujeres en las iglesias pentecostales

Aunque en las iglesias pentecostales las mujeres recuperan la palabra y son empoderadas para que actúen según sus saberes y habilidades dentro y fuera de la comunidad religiosa, no siempre tienen las mismas oportunidades que los hombres para acceder a las posiciones de poder en las estructuras religiosas de las que forman parte. A pesar de esta lamentable limitación que aún tienen las mujeres, la historia del movimiento pentecostal muestra que su participación y compromiso, su enorme capacidad de trabajo, su entrega y disposición para involucrarse activamente en diversas acciones misioneras, ha sido uno de los principales factores que contribuyeron para que el mensaje pentecostal se difundiera ampliamente en todo el mundo.

Los datos estadísticos muestran que las comunidades pentecostales de distinto trasfondo están conformadas mayormente por mujeres (Drogus 1997: 55) y su protagonismo es crucial para su expansión misionera (Drogus 1997: 61). En las comunidades pentecostales recuperan la palabra y descubren que su valor y lugar como personas son distintos del papel tradicional que la sociedad patriarcal les asigna. En relación con este asunto, existen dos interpretaciones básicas sobre el papel del pentecostalismo en la vida de sectores oprimidos como las mujeres:

> [La primera] … es que estas iglesias les ofrecen a las personas marginadas un poder simbólico que compensa la falta de poder material. De acuerdo con esa visión, la religión […] de hecho refuerza la posición social inferior de estos grupos. El pentecostalismo constituye de ese modo una alienación. Otra interpretación es que, a pesar de que no siempre es capaz de modificar la posición social de estos grupos, la religión pentecostal tiene ciertos beneficios para ellos, constituyéndose en un mecanismo de defensa de corto alcance para los oprimidos. Esta perspectiva subraya los beneficios que las mujeres y los pobres reciben y enfatiza la habilidad del pentecostalismo para reducir la opresión. (Mariz y Campos 1997: 42)

Se puntualiza también que el pentecostalismo les ofrece a las mujeres oportunidades poco comunes para asumir un liderazgo oficial y no oficial, así como nuevos roles en la comunidad religiosa (Drogus 1997: 59). El pentecostalismo tiene un potencial para involucrar a las mujeres en papeles no tradicionales, permitiéndoles que participen activamente en actividades extradomésticas (Drogus 1997: 60).

Precisamente esto ocurrió en la experiencia de muchas mujeres pentecostales peruanas. En un contexto cultural predominantemente machista, encontraron en las comunidades pentecostales una oportunidad para realizarse plenamente como seres humanos y como ciudadanas. Durante las dos últimas décadas del siglo xx (1980–2000), las mujeres pentecostales al lado de las mujeres no evangélicas del sector más golpeado por la política económica y menos atendido por la política social del Estado, fueron articulando nuevas formas de gestión ciudadana y vías alternativas de participación ciudadana. El espacio social en el que desarrollaron su capacidad de gestión y mostraron públicamente su potencial político fue el de las Organizaciones Populares de Mujeres. ¿Qué representaban estos espacios de gestión ciudadana en el crítico escenario social y político peruano de las décadas del ochenta y del noventa del siglo xx?

Las mujeres pentecostales en los años de violencia política en el Perú (1980–2000)

La presencia significativa de las mujeres en los movimientos sociales es un dato clave de la historia del Perú contemporáneo. Las organizaciones populares (comités del vaso de leche, comedores populares, comedores autogestionarios y clubes de madres), conformadas por mujeres de los barrios marginales, contribuyeron significativamente al fortalecimiento de la democracia en un marco temporal de violencia política extrema, crisis económica y deconstrucción del Estado de Derecho.

En los años de violencia subversiva y contrasubversiva (1980–2000), las organizaciones populares se enfrentaron al terrorismo de Sendero Luminoso (sl), que trató de controlar y dominar, para sus intereses partidarios, a estas instancias democráticas de participación ciudadana. Lucharon, además, contra la pobreza en un contexto de crisis económica que pulverizó las expectativas sociales de los más pobres. Lograron sobrevivir a pesar de todos los intentos que hizo el régimen autoritario de Alberto Fujimori (1990–2000) por controlarlas y manipularlas en esos aciagos años en los que se fueron desmantelando, desde el poder político, los espacios democráticos.

En ese proceso de lucha por la sobrevivencia y por la recuperación de la institucionalidad democrática, las mujeres de los barrios pobres fueron pasando de vecinas a ciudadanas (Barrig 1997), del anonimato a sujetos sociales, de excluidas a protagonistas, y del ámbito del hogar a la esfera pública.

Las organizaciones populares

Los comités del vaso de leche, los comedores autogestionarios y los comedores populares, que comenzaron a gestarse y a expandirse desde mediados de las décadas del ochenta y noventa del siglo xx como parte del proceso de ascenso político de los sectores organizados de la sociedad civil, no fueron meros espacios de sobrevivencia o simples cápsulas de refugio para los excluidos por el sistema. Fueron espacios sociales y veredas de acción ciudadana en los que se afirmó la dignidad humana de los pobres y se tejieron respuestas colectivas para luchar contra la exclusión social, política y económica.

En la experiencia peruana de las décadas del ochenta y noventa del siglo xx, como ocurrió en otras regiones del mundo, las organizaciones populares ayudaron también «en la lucha para pasar de un régimen autoritario a un régimen democrático» (Oxhorn 1995: 260). Esto puede explicar por qué estos espacios colectivos de gestión ciudadana, más que simples organizaciones de sobrevivencia o subproductos de la crisis económica, fueron ejemplos concretos de una «democratización de la economía y de la política» en un clima social de autoritarismo, marginación, pobreza y violencia (López 1998: 38–39). Sobre su participación en el espacio público y su potencial político se ha precisado que:

> La vida activa de organizaciones sociales como los Clubes de Madres, los Comedores Populares y los Comités del Vaso de Leche en las dos últimas décadas hicieron de este importante sector de mujeres organizadas un capital social muy atractivo de controlar con fines electorales. (Blondet 2001: 20)

Las organizaciones populares, si bien fueron construyendo con sus acciones sociales y políticas una legitimidad ampliamente reconocida por los distintos sectores políticos, no lograron constituirse en un actor social articulado (Blondet 2001: 17 y 18). Una limitación que se notó claramente a mediados de la década del noventa cuando:

> Las dirigentes de las organizaciones de sobrevivencia, frente a la posibilidad de asumir un papel protagónico en la política local, antes que ponerse de acuerdo en agendas básicas que plantearan sus demandas de manera articulada y les permitiera obtener

los resultados óptimos para ellas y para sus organizaciones, se dispersaron, se pelearon entre sí y negociaron individualmente con los partidos políticos su participación en instancias del poder local, perdiendo así la capacidad de representación de su movimiento y el respaldo de sus propias bases sociales. (Blondet 2001: 16–17)

Sin embargo, desde antes de esa coyuntura política, durante la década del ochenta y hasta mediados de la del noventa, las organizaciones populares habían sido un factor clave para la defensa y el fortalecimiento de la democracia en un escenario de violencia subversiva y represión indiscriminada:

Si en el Perú hablamos hoy de democracia, tenemos que partir de reconocer que lo que hay de allá es algo mucho más rico y dinámico que lo surgido en las elecciones periódicas. Por debajo bulle una realidad social en la que las propias estrategias de supervivencia de la población generan formas de organización que día a día construyen y afirman la democracia en el país. He allí el extraordinario papel de los comedores populares, de los comités del vaso de leche, de las asociaciones de pobladores, y de las comunidades y rondas campesinas. Son todas formas que «desde abajo» hacen frente a los problemas del día, ante las ineptitudes y limitaciones del Estado. (García Sayán 1988: 18)

Desde la década de los ochenta, los comedores populares y los comités del vaso de leche «fueron espacios locales de construcción de una conciencia ciudadana» en sectores históricamente marginados como las mujeres (Blondet 1993: 189–190). Estas formas de acción colectiva desde abajo, dentro de un contexto de crisis económica y violencia política, funcionaron también como canales de inclusión social en los que se gestaron nuevas formas de entender y practicar la democracia:

Los comedores y comités femeninos del vaso de leche […] reivindican el derecho a la sobrevivencia. Han resistido a la debacle de las instituciones de la sociedad y la política de los últimos tiempos, porque responden a los dos problemas centrales planteados en este momento: la crisis económica y la violencia política. (Blondet 1993: 189)

En estos espacios colectivos de construcción de conciencia ciudadana y gestión social y política, desde el inicio de sus acciones, hubo presencia activa de mujeres pentecostales. En un contexto de pobreza y exclusión, fueron comprendiendo que una forma concreta de expresar el amor al prójimo que proclamaban en el templo era mostrarlo en la vida cotidiana de su vecindario (ceps 1994a: 8).

Durante los años de violencia política, cuando la subversión armada del Partido Comunista del Perú-Sendero Luminoso intentaba controlar a las organizaciones populares para instrumentarlas en favor de su objetivo político de destruir la democracia, estos espacios de acción ciudadana fueron un dique de contención a la insania terrorista. De acuerdo con la Comisión de la Verdad y Reconciliación (cvr):

> En la práctica se produjo un choque de dos concepciones: por un lado, el reclamo de autonomía del movimiento social que se resistió a subordinarse al partido [comunista del Perú-Sendero Luminoso]; y el pcp-sl, por otro, que intentó infiltrarse y construir sus propias masas. (Comisión de la Verdad y Reconciliación 2003: 189–190)

Esto explica las razones por las que varias de las líderes más representativas de las organizaciones populares fueron asesinadas por Sendero Luminoso en su intento de amedrentar a las mujeres organizadas: María Elena Moyano fue asesinada en Villa El Salvador el 15 de febrero de 1992 y Pascuala Rosado en Huaycán el 6 de marzo de 1996. Sin embargo, las organizaciones populares no se amedrentaron y, a la larga, fueron uno de los factores claves para la derrota de Sendero Luminoso.

Las mujeres pentecostales en las organizaciones populares

Un número indeterminado de mujeres pentecostales participaron activamente en las organizaciones populares. Hacia 1994, según el Centro de Promoción y Servicios (ceps), solo en el cono norte de la ciudad de Lima, había alrededor de cien mujeres evangélicas involucradas activamente en dichas organizaciones (ceps 1994b: 9).

Las preguntas a las que se debe responder son entonces, conociendo los riesgos para sus vidas y la de sus familias, sobre todo por la amenaza terrorista de Sendero Luminoso, ¿por qué participaron las mujeres pentecostales en las organizaciones populares de mujeres? ¿Cómo explican su experiencia de trabajo al lado de las mujeres no evangélicas? ¿Cuál fue su aporte específico?

Los testimonios de cuatro mujeres evangélicas que fueron líderes visibles en las organizaciones populares en Lima y Callao nos ayudarán a dar respuesta a las preguntas planteadas.

María pertenece a una congregación de la Iglesia de Dios del Perú y fue coordinadora en la década de los noventa del Comité del Vaso de Leche N.º 7 del barrio urbano-marginal Asociación Central Unificada (ACU) de Villa María del Triunfo.[34] Fue, además, durante los ochenta, la asistenta social de su Comité del Vaso de Leche; es decir, la responsable de constatar si las familias que se beneficiaban del reparto de leche donada por la Municipalidad de Lima Metropolitana vivían en una situación de pobreza o pobreza extrema.

Como asistenta social de su Comité del Vaso de Leche, tenía que organizar también actividades profondos para ayudar a las familias en pobreza extrema en casos de enfermedad o accidentes. María afirma:

> Fui invitada a participar en el Comité del Vaso de Leche de mi barrio cuando junto con otras vecinas me encontraba gestionando en una de las oficinas de Electro-Lima (compañía de luz) la instalación de luz eléctrica para nuestras casas. Las vecinas me invitaron a participar porque consideraron que tenía cierta capacidad para convocarlas a todas sin marginar a nadie. Ellas

---

[34] Los comités del vaso de leche se formaron a mediados de la década de los ochenta por iniciativa del alcalde de Lima Metropolitana Alfonso Barrantes Lingán (1984–1986), primer alcalde socialista de una ciudad capital de América Latina. Tenían como propósito preparar y servir cada día un vaso de leche, donado por la Municipalidad de Lima Metropolitana a todos los niños de las familias más pobres de los barrios urbano-marginales. Debido a su capacidad de convocatoria porque movilizaba a miles de mujeres de los barrios urbano-marginales, durante los años de violencia política (1980–2000), junto con otras organizaciones populares (clubes de madres, comités vecinales, comedores populares), tuvieron un papel protagónico importante en la defensa de la democracia cuando el Partido Comunista del Perú-Sendero Luminoso, con sus acciones terroristas, buscaba destruirlos.

sabían que participaba en una iglesia evangélica. (Entrevista a María el 30 de septiembre de 1998)

Precisa, además, en su testimonio:

> Participo en el Comité de Vaso de Leche porque Dios dice que tenemos que velar por las necesidades de los demás, preocuparnos los unos por los otros, y ayudar a nuestro prójimo. La Biblia enseña que tenemos que preocuparnos especialmente por las personas más necesitadas y que debemos servir a todos, por igual, sin marginar a nadie. Dios dice que todos somos iguales. (Entrevista a María el 30 de septiembre de 1998)

Acerca de las razones por las que estaba inmersa en este espacio de acción ciudadana puntualiza:

> Una creyente debe participar en las organizaciones vecinales [Comités del Vaso de Leche, Comités Vecinales], no sólo para dar testimonio del Señor, sino también porque los evangélicos no deben estar excluidos de la participación vecinal y del compromiso social. (Entrevista a María el 30 de septiembre de 1998)

Doris, hasta la década de los noventa fue miembro de las Asambleas de Dios del Perú y luego, cuando su congregación se desafilió de esa denominación pentecostal, formó parte de una iglesia independiente, la Misión Evangélica Rosa de Sarón. Comenzó su participación en las organizaciones populares fundando el Comedor Autogestionario (Comedor Popular) Las Amigas en el distrito de San Martín de Porres. Previamente había participado activamente en un Club de Madres y había tenido contactos con otras organizaciones como La Cruz Roja (fue capacitada para ser promotora de salud), OFASA (el brazo social de la Iglesia Adventista) y CARITAS (el brazo social de la Iglesia Católica Romana). Fue presidenta de la Junta Directiva del Comedor Autogestionario Las Amigas en los años 1990–1992 y tuvo además otras responsabilidades como secretaria de salud.

Cuando se hizo conocida porque participaba activamente en las marchas de protesta de las mujeres de los barrios urbano-marginales que luchaban por sobrevivir en una realidad de pobreza extrema, fue elegida presidenta de la Central Distrital de Comedores Populares y Autogestionarios de San Martín de Porres (CEDICOPA-SMP). Fue también en los años 1997–2000 la secretaria de salud de la Federación de Mujeres Organizadas en Centrales de Comedores Populares Autogestionarios y Afines de Lima y Callao (FEMOCCPAALC).

Para Doris:

> Las mujeres de nuestra organización han respondido eficaz y solidariamente en el trabajo voluntario, recargando con una tarea más a la que ya veníamos cumpliendo en la sociedad. En los Comedores Autogestionarios se prepara un promedio de 120 raciones o menús diarios que benefician a las mujeres de escasos recursos y en cada uno de ellos se atiende ocho casos sociales (las personas más pobres). La mayoría de los casos sociales tienen que ver con personas indigentes, particularmente ancianos y niños que no tienen dinero suficiente para pagar el costo de un menú. (Entrevista a Doris el 24 de agosto del 2001)

Y añade:

> Yo me involucré por las necesidades económicas que tenía. Luego del «shock» económico de Fujimori en 1990, las vecinas querían organizarse para hacer algo, pero no tenían dónde reunirse. Les ofrecí mi casa. Así comenzamos. Al mirar a la gente que buscaba apoyo puse a disposición todo lo que tenía en mi casa. El amor de Dios que está en mi corazón me llevó a mirar las necesidades materiales de mis vecinos. (Entrevista a Doris el 24 de agosto del 2001)

Desde la perspectiva de Doris:

> Las mujeres evangélicas deben participar en las Organizaciones Populares porque éstas son un gran campo para sembrar la Palabra de Dios. Allí uno es luz y da testimonio del Señor cada día. (Entrevista a Doris el 24 de agosto del 2001)

Fanny comenzó su inserción en las organizaciones populares cuando vivía en Villa El Salvador. Cuando se trasladó a Chuquitanta, barrio urbano-marginal en el norte de Lima, participó en una iglesia de las Asambleas de Dios. Al trasladarse a uno de los barrios urbano-marginales del distrito de Ventanilla, se congregó inicialmente en la Iglesia de Dios del Perú de Villa de los Reyes y luego en el Movimiento Misionero Monte de Santidad.

Desde adolescente comenzó a participar en las organizaciones populares de Villa El Salvador como secretaria de deportes de los grupos juveniles de una de las zonas de ese distrito del sur de Lima. A mediados de la década de los ochenta fue promotora de salud vinculada al Centro de Salud Juan Pablo II y de 1984 a 1990 fue la presidenta del Comité del Vaso de Leche del Sector 6 Grupo 10 de Villa El Salvador. Fanny fue también la secretaria de la mujer de la Junta Directiva del Sector 6 y fue una de las nueve promotoras de salud de Villa El Salvador que trabajó al lado de la dirigente popular María Elena Moyano, asesinada por Sendero Luminoso en 1992.

En la década de los noventa, por motivos de salud, se trasladó al distrito de San Martín de Porres, donde continuó en ese lugar su vínculo con las organizaciones populares. Fue promotora de salud del Centro de Salud de El Naranjal, y durante los años 1990–1992 la teniente gobernadora de Chuquitanta, un barrio urbano-marginal habitado principalmente por familias desplazadas por causa de la violencia política. Allí fundó y dirigió el Comedor Autogestionario Nutrivida y llegó a ser entre los años 1990–1996 la secretaria del Comité Multisectorial de San Martín de Porres-Zona Rural y la presidenta de los Comedores Autogestionarios de la Zona D de este distrito. Cuando se fue a vivir en 1996 al barrio urbano-marginal El Golfo, de Ventanilla, fundó en ese lugar el Comedor Autogestionario Pan y Vida y un Comité del Vaso de Leche, de los cuales fue la presidenta en los años 2000–2002.

Fanny, sobre su inserción en las organizaciones populares, expresa:

> La necesidad económica me forzó a vincularme al trabajo de las Organizaciones Populares. La realidad de pobreza y de sufrimiento, ya que desde pequeña me quedé huérfana, pues mi madre murió por ser pobre y por no tener dinero para atenderse en un Centro de Salud, me abrió los ojos para interesarme en las necesidades de las otras personas. Esto explica por qué siempre me ha interesado el área de salud, incluso de joven. Soñaba con ser médico para así poder servir al prójimo. Cuando vi las necesidades

> de tantas madres solteras, niños abandonados y los problemas que tenían las familias por la falta de trabajo de los padres, fui involucrándome más, tanto fundando Comités del Vaso de Leche o Comedores Autogestionarios como vinculándome a las Organizaciones Populares en los distintos lugares en los que tuve que vivir. (Entrevista a Fanny el 29 de agosto del 2001)

Según ella:

> Las mujeres evangélicas deben estar metidas en las Organizaciones Populares, porque espacios como los Comedores Autogestionarios son el mar, y la comida es la red para pescar los peces. Nosotras tenemos que dar el pan espiritual, pero también debemos atender las necesidades materiales de las personas. El área social es la red y tenemos que entender que los «peces» necesitan comer. (Entrevista a Fanny el 29 de agosto del 2001)

Fanny sostiene, además, que ella luchaba «por el bienestar de los niños, los ancianos, las madres desamparadas y el ser humano en general, porque todos tenemos derecho a la vida» (CEPS 1994b: 5). Para ella: «Las Organizaciones Populares son espacios para combatir la desnutrición, el hambre, y en alguna medida aliviar la miseria material de los más pobres» (entrevista a Fanny el 29 de agosto del 2001).

Santosa participó activamente en las organizaciones populares del distrito de San Juan de Lurigancho. Su experiencia es paradigmática, porque, además de fundadora de un comedor autogestionario y de un Comité del Vaso de Leche, fue una líder popular de amplia trayectoria más allá del campo religioso. Su experiencia es paradigmática porque representa un caso poco común de una mujer pobre, de confesión pentecostal, involucrada en asuntos sociales y políticos en un marco temporal de violencia política y crisis económica. Santosa, debido a su condición de dirigente conocida de las organizaciones populares, estuvo en prisión acusada injustamente del delito de terrorismo.

Acerca de su compromiso con las organizaciones populares, Santosa sostiene:

> Estamos acostumbradas a este trabajo y le tenemos mucho cariño al comedor. Nosotras nos ayudamos si alguna enferma o

> si un familiar fallece. Somos solidarias. Siempre les repito a las
> otras socias que, al dador alegre, Dios bendice, aunque no todas
> son cristianas evangélicas [...]. (Paz y Esperanza 1999: 4)

Su labor como dirigente popular fue ampliamente reconocida, incluso por instituciones no evangélicas que apoyaban a las organizaciones populares. Así, según un artículo publicado en uno de los diarios de circulación nacional, Santosa:

> ... fue coordinadora general de su pueblo de 1984 a 1985 y
> responsable del Centro de Acopio del Vaso de Leche de 1986
> a 1988. Fue la primera Secretaria de Prensa y Propaganda de
> la organización distrital en 1987. Desde 1989 hasta la fecha
> se ha desempeñado, sin vacilación y valientemente, como
> coordinadora de manzana de su pueblo [...]. (*La República*
> 1994: 6)

En la revista del Instituto de Defensa Legal (IDL), una conocida organización no gubernamental (ONG) dedicada a la defensa de los derechos humanos, se afirmaba lo siguiente sobre esta dirigente popular de confesión pentecostal:

> La señora Layme es conocida y querida en su barrio por su
> dedicación a labores comunitarias. Es presidenta del club de
> madres de Santa Marta, labora en la coordinación zonal del Vaso
> de Leche, es promotora del Instituto Peruano de Paternidad
> Responsable (Inppares) y colabora con la ONG Flora Tristán
> en la promoción de la mujer. Dirige el comedor popular de su
> barrio. Pertenece a la iglesia pentecostal desde hace 16 años
> y, por cierto, su rechazo a Sendero [Luminoso] es total [...].
> (Ideele 1994: 33)

Santosa, debido a sus tareas de dirigente en un Comité del Vaso de Leche y en un Comedor Popular de San Juan de Lurigancho,[35] fue

---

[35] San Juan de Lurigancho, uno de los distritos pobres de la ciudad de Lima, con alta población de migrantes forzados por causa de la violencia política, fue uno de los lugares que Sendero Luminoso trató de controlar como «zona liberada». Mediante la intimidación y la amenaza de muerte a las dirigentes de las organizaciones populares intentó tenerlas bajo su control político.

detenida por las fuerzas del orden en la madrugada del 28 de febrero de 1994, acusada de colaborar con el terrorismo y de haber dado de comer a miembros de Sendero Luminoso (*La República* 1994: 6). Fue sentenciada por un «tribunal sin rostro» (una práctica común en el periodo de violencia política para evitar la represalia y la venganza de los militantes de Sendero Luminoso) a varios años de prisión y, posteriormente, el 24 de febrero de 1995, fue indultada como parte del proceso de «rectificación» de la política antisubversiva del gobierno de Alberto Fujimori.

Habría que aclarar, sin embargo, que Santosa fue inocente y que estuvo en prisión acusada injustamente de un delito que nunca cometió:

> No se puede menos que subrayar que Santosa siempre ha tenido una abierta y clara oposición en contra de Sendero Luminoso y sus crueles acciones de tortura. Su oposición al grupo subversivo siempre fue decidida y una prueba de esta resistencia fue su participación en actos de repudio al terrorismo, como la Marcha por la Paz realizada en San Juan de Lurigancho el 27 de octubre de 1991. «Si es contra mi vecino, es contra mí», en respuesta al asesinato de dos dirigentes populares en Juan Pablo ii, crimen perpetrado por Sendero Luminoso. (*La República* 1994: 6)

Ella fue, debido a su gestión como dirigente popular, bastante apreciada por personas no evangélicas. De Santosa se afirma:

> Santosa era [...] una mujer siempre dispuesta a emprender las tareas más difíciles, las más democráticas, las más generosas, las que demandan mayor entrega [...] Santosa hablaba sin miedo, en su castellano imperfecto, creo que nunca pasó de primero de primaria, y nos convencía, había que seguir adelante, había que perseverar, pese a Sendero Luminoso [...]. (*La República* 1994: 6)

Las lecciones pastorales y ciudadanas

¿Cuáles son las lecciones que se derivan de la valiosa experiencia de estas mujeres pentecostales que comprendieron que el evangelio era una verdad pública?

¿Qué lecciones se desprenden de su comprensión de que la misión de la iglesia no se tenía que limitar exclusivamente a la salvación de almas incorpóreas, sino que se relacionaba también con la lucha por la sobrevivencia en un clima social y político de violencia y de crisis económica?

Unas, siendo evangélicas, se insertaron en las organizaciones populares (comités del vaso de leche, comedores autogestionarios, clubes de madres), como los casos de María Gonzales, Doris Mazuelos y Santosa Layme. Otras llegaron a una iglesia evangélica, como en el caso de Fanny Arica, con un bagaje previo de participación activa en una o más organizaciones populares.

A la luz de la experiencia social y política de estas cuatro mujeres pentecostales, se puede afirmar que existen tres razones principales por las que ellas, y otras mujeres pentecostales, se involucraron en las organizaciones populares.

La situación de pobreza y pobreza extrema las forzó a unirse a sus vecinas no evangélicas para organizarse y juntas luchar contra la mala situación económica, fundando comités del vaso de leche, comedores populares o comedores autogestionarios.

En la medida en que se fueron involucrando, como socias o beneficiarias y dirigentes, tomaron conciencia de que, a través de su participación y compromiso en estas instancias democráticas de acción social y política ciudadana, podían dar testimonio concreto de amor al prójimo más allá del templo.

Descubrieron que en las organizaciones populares se actuaba solidariamente para resolver problemas cotidianos del mundo de los pobres como la alimentación, la salud, el trabajo, entre otros problemas que afectaban directamente a miles de familias y, especialmente, a los niños y a los ancianos indefensos.

Aparte de las razones que explican su presencia y participación activa en las organizaciones populares, importa mucho conocer su contribución específica a la gestión ciudadana de las mujeres de los barrios populares que se organizaron para luchar contra la pobreza, la violencia y la crisis económica. Todas ellas afirman que su estilo de vida marcado por la honradez, la integridad, la solidaridad y la justicia, fueron factores claves para ganarse el apoyo y la simpatía de las mujeres no evangélicas.

Usualmente a las mujeres pentecostales, las vecinas no evangélicas las elegían para las responsabilidades de mayor jerarquía en las organizaciones populares: presidenta o coordinadora, tesorera y asistenta social. Fue así porque en el imaginario de las mujeres no evangélicas, las vecinas pentecostales eran honradas, íntegras, solidarias y justas. Estas características de la vida personal y ciudadana de las mujeres pentecostales marcaba una diferencia sustantiva con la forma usual en la que se ejercitaba el poder en las organizaciones populares y en el campo de la política, tan contaminadas por el nepotismo, la corrupción, el clientelismo y los acuerdos bajo la mesa.

Para Doris:

> … la presencia ciudadana de las evangélicas debe estar caracterizada por la honradez, la capacidad de decir la verdad, la solidaridad y la responsabilidad. Nuestra ética tiene que ser clara. (Entrevista a Doris el 24 de agosto del 2001)

Según Fanny:

> Ser una dirigente popular es servir a Dios en primer lugar y, luego, a nuestro prójimo. Debemos entender que todo tenemos que hacerlo como para el Señor. Estamos allí por amor a Dios, porque hemos conocido el amor de Dios, porque no somos evangélicas «convencidas», sino evangélicas convertidas. Las dirigentes populares, particularmente las evangélicas, deben estar siempre vigilantes para que todas las cosas se realicen con honestidad y con transparencia. (Entrevista a Fanny el 29 de agosto del 2001)

Puntualiza también que las mujeres evangélicas:

> … son apreciadas por su honestidad y transparencia. Estas son dos de las más grandes contribuciones que las mujeres evangélicas podemos dar al interior de las organizaciones populares. La gran diferencia entre las mujeres evangélicas y las mujeres no evangélicas es que nosotras tenemos temor de Dios. Así, cuando administramos los recursos, sabemos que no podemos agarrar ni un grano de arroz si antes no consultamos a Dios. Nuestras vecinas saben que las evangélicas somos personas rectas. Por

nuestro testimonio —no necesitamos hablar— muchas de
nuestras vecinas luego se hacen evangélicas. (Entrevista a Fanny
el 29 de agosto del 2001)

Bajo el paraguas de la experiencia social y política de las mujeres
pentecostales insertadas en las organizaciones populares, se puede
afirmar entonces que las iglesias evangélicas, además de verse a
sí mismas como la reserva moral de la nación y la conciencia de la
sociedad, tienen que ser también agentes colectivos de transformación
social y política en la tierra de misión en la que se encuentran para dar
testimonio del amor y la justicia de Dios; amor y justicia que deben
traducirse en acciones ciudadanas, personales y colectivas, orientadas
al bien común y la justicia social. La ética personal y la ética pública
tienen que caminar juntas, así como se deben enlazar también la
proclamación verbal del evangelio con la denuncia profética.

La experiencia personal y colectiva de las mujeres pentecostales
da cuenta también de que, en su condición de ciudadanas, su acción
social y política fue más allá del templo. En tal sentido, fueron más
allá del servicio social que, desde su surgimiento en el mundo, las
distintas expresiones del movimiento pentecostal realizaban en favor
de los indefensos de la sociedad (comedores, orfelinatos, rehabilitación
de alcohólicos y drogadictos). La experiencia de ellas fue una acción
social y política, no desde la iglesia, sino en la sociedad y en favor de
evangélicos y no evangélicos, como una forma concreta de testimonio
cristiano integral. Este fue su aporte peculiar al testimonio cristiano, es
decir, su paso de vecinas a ciudadanas, a ser gestoras sociales desde su
condición de vecinas pobres al servicio del pueblo de a pie.

Lamentablemente, luego de la derrota de Sendero Luminoso y
del proceso de reconstrucción de la democracia cuando terminó la
dictadura de Alberto Fujimori, su influencia como un sujeto clave de
los movimientos sociales fue disminuyendo, hasta tener actualmente
una presencia casi imperceptible, sin el protagonismo social y político
que tuvieron en las décadas de los ochenta y noventa del siglo xx.
Esta realidad no significa, sin embargo, negar su contribución como
un sector clave para la pacificación del país luego de dos décadas
de violencia subversiva y contrasubversiva, y su aporte para la
democratización del país.

Mujeres pentecostales y democracia en América Latina

La presencia pública y la acción ciudadana no se limitan solamente a la participación en las elecciones políticas periódicas o en la política partidaria. La democracia se estabiliza y fortalece también cuando se cuenta con una sociedad civil organizada que actúa en favor del bien común.

Precisamente, la presencia de las mujeres pentecostales en la sociedad civil, como ciudadanas en pleno ejercicio de sus derechos, coadyuva a la construcción de una democracia en la que la igualdad de oportunidades y la justicia para todos sean moneda corriente, antes que una ilusión pasajera o una simple oferta electoral coyuntural.

Las mujeres pentecostales insertadas en la sociedad civil organizada están activas en dos espacios de lucha ciudadana particular:

- La atención a personas en situación de vulnerabilidad e indefensión debido a la condición de pobreza y pobreza extrema en la que se encuentran.
- La defensa de las mujeres que sufren diversas formas de violencia.

Es sumamente importante examinar la presencia y el protagonismo de las mujeres pentecostales en estos espacios particulares de lucha ciudadana que, a la larga, contribuyen a la defensa y el fortalecimiento de la democracia. Entre otras razones, porque ello da cuenta de que el evangelio es una verdad pública, es decir, que se relaciona también con la defensa de la vida y la dignidad de todos los seres humanos como creación de Dios.

Mujeres pentecostales, dignidad humana y ciudadanía

Para abordar el tema de la dignidad humana y la ciudadanía, examinaremos la experiencia particular de dos mujeres pentecostales. La primera será la de una profesora de Guatemala que trabaja para el Estado. La segunda, la de una pastora de República Dominicana que labora en una ONG de trasfondo evangélico.

Rebeca, profesora guatemalteca, trabaja en uno de los centros municipales de capacitación y formación ciudadana (CEMUCAF). En estos se dan talleres ocupacionales para que las mujeres en situación de vulnerabilidad debido a sus escasos ingresos económicos tengan una ocupación que las ayude a resolver sus carencias materiales. En estos talleres descubren las competencias que tienen y cómo les son útiles con el fin de generar sus propios ingresos económicos para que de esa manera ayuden a sus familias. Por ejemplo, en uno de los talleres se les enseña a preparar toda clase de pasteles a fin de que luego las mujeres que participan vendan el producto elaborado con sus manos.

Según el testimonio de Rebeca, su presencia en este espacio de servicio a las familias indefensas se debe a su comprensión de la obediencia al mandato de amar al prójimo (entrevista a Rebeca el 10 de julio del 2019). Ella afirma que ayudar al prójimo en necesidad es parte de su servicio a Dios. Según Rebeca, esta es la razón por la que brinda estos talleres orientados a ayudar a las personas pobres, para que generen sus propios ingresos y ayuden de esa manera al presupuesto familiar (entrevista a Rebeca el 10 de julio del 2019). Menciona además que:

> Guatemala tiene altos índices de pobreza y desempleo y nuestro esfuerzo busca disminuir la situación de pobreza de las familias más vulnerables, enseñándoles un oficio que genere ingresos económicos y que les ayude a darles mejores oportunidades a sus hijos. (Entrevista a Rebeca el 10 de julio del 2019)

Sobre su experiencia en el campo, mencionando el caso de una de las señoras a quienes ella capacitó, expresa lo siguiente:

> A Juana, participante de los talleres, le costaba mucho llegar al centro de capacitación. Tenía que tomar un bus, conocido como «burras», para llegar al centro de capacitación y aprender repostería. Ella sabía que le sería de mucha ayuda para mejorar su ingreso económico. Su familia dependía del esfuerzo de Juana. Aprendió a preparar pasteles, y cuando regresaba a su casa, vendía en el bus lo que había preparado. Así comenzó a mejorar el nivel de sus ingresos económicos, la calidad de vida de su familia, y sus hijos pudieron salir adelante.

Finalmente, manifiesta que, aunque trabaja para el Estado, su primer compromiso es con Dios y con el prójimo a quien ella sirve. Para

Rebeca, su vocación de profesora se hace visible en el servicio a las personas en situación de vulnerabilidad. El fundamento bíblico de su acción misionera, poco convencional tal vez para algunos, se encuentra en Gálatas 2.10; 6.10; Hebreos 13.16 y Efesios 2.10; pasajes del Nuevo Testamento no siempre citados cuando se discute sobre la acción misionera de la iglesia, pero que tratan de la responsabilidad que en su servicio a Dios tienen los creyentes con las personas en necesidad: «Porque somos hechura suya, creados en Cristo Jesús, para buenas obras» (Ef 2.10). Y porque el mandato es: «Y de hacer bien y de la ayuda mutua no os olvidéis; porque de tales sacrificios se agrada Dios» (Heb 13.16).

Arislourdes, pastora en República Dominicana, se desempeña como gerente de programas sociales en la Asociación para Inversión y Empleo INC (Aspire), y está vinculada a la Iglesia Pentecostal de Jesucristo Misión Internacional RD (IPJMIRD). La misión de Aspire es la siguiente:

> Es una propuesta social y económica enfocada en mujeres jefe de familia que viven en situación de pobreza [...]. Contribuir a la inclusión financiera de la mujer por medio de la educación y su inserción en el trabajo productivo, incentivando la disciplina del ahorro con el fin de mejorar sus vidas y las de sus dependientes. (Folleto de promoción de Aspire).

Los pilares sobre los que se sostiene la propuesta social y económica de Aspire son cuatro: aspecto emocional, igualdad de género, educación financiera, gestión de microempresas (folleto de promoción de Aspire). Aunque su propuesta está orientada a la lucha contra la pobreza, empoderando especialmente a las mujeres que son jefes de familia, en el camino fueron descubriendo que no podían eludir el problema de la violencia en contra de la mujer. Particularmente, porque aquellas con las que se relacionaban sufrían diversas formas de violencia. En consecuencia, comenzaron a reflexionar bíblica, teológica, social y pastoralmente sobre esta problemática.

Arislourdes lo expresa de esta manera:

> Los servicios que realizamos desde la ONG contribuyen a la inclusión social y financiera de la mujer que vive en condición

de vulnerabilidad con altas tasas de violencia doméstica. Fomentamos el desarrollo personal y emprendimiento a través de la educación y así mejorar la calidad de vida de la mujer y su familia. (Entrevista a Arislourdes el 2 de agosto del 2019)

Afirma, además, que en Aspire:

A partir del programa de radio Creciendo Juntos orientamos, desde una cosmovisión cristiana, respondiendo a necesidades de orientación en temas de sociedad, familia, espiritualidad, inclusión educativa y finanzas. (Entrevista a Arislourdes el 2 de agosto del 2019)

Esta pastora pentecostal describe su comprensión de la labor que realiza desde una ONG de raíz evangélica con estas palabras:

La mujer a lo largo de la historia ha sido objeto de juicio, marginada y desplazada. Desde la Palabra de Dios, vemos su verdadero valor a través de las enseñanzas de Jesús, dando vida a la mujer que pierde su hijo, levantando del suelo a quien estaba a punto de morir, teniendo discípulas y colaboradoras. Las mujeres en condición de pobreza son más vulneradas y necesitan una respuesta inmediata ante su desesperanza. La iglesia está llamada a brindar espacios de acompañamiento saludable para la vida integral de estas mujeres que no tienen más esperanza que Jesús. (Entrevista a Arislourdes el 2 de agosto del 2019)

Haciendo referencia a la experiencia de la mujer cananea o sirofenicia, expresa que esta mujer extranjera, sabiendo que no formaba parte del pueblo de Israel, confiaba sin embargo en que la misericordia de Jesús se extendiera a todos los seres humanos: «Sí, Señor; pero aún los perrillos comen de las migajas que caen de la mesa de sus amos» (Mt 15.27). Afirma ella entonces: ¡El Señor escucha al que clama y le responde en su amor y justicia! (entrevista a Arislourdes el 2 de agosto del 2019).

Respecto a las razones que la condujeron a comprometerse con esta tarea en favor de las mujeres en situación de vulnerabilidad expresa:

> La razón que me mueve al servicio al prójimo indefenso es
> el compromiso que nace de la propia experiencia: Crecí con
> una madre soltera, que debía trabajar por muchas horas para
> poder suplir las necesidades básicas en un sector peligroso, con
> ausencia de oportunidades. La vi emprender varios negocios,
> en algunos tiempos más difíciles, ir a trabajar fuera de casa,
> dejándonos por varios días. Conozco el rostro de la frustración
> e impotencia. Pero vi también el trabajo duro, la esperanza y
> la superación. Cada vez que veo a una mujer, recordando a
> mamá, pienso que ella tiene la oportunidad de crear y crecer.
> (Entrevista a Arislourdes el 2 de agosto del 2019)

Las experiencias concretas de Rebeca (profesora de Guatemala
que trabaja para el Estado) y de Arislourdes (pastora de República
Dominicana vinculada a una ONG de raíz evangélica) son dos valiosos
ejemplos y modelos de cómo las mujeres pentecostales, desde distintos
espacios (el Estado y la sociedad civil), están comprometidas con la
defensa de la dignidad humana y la construcción de ciudadanía.

Ambas, una laica (Rebeca) y una pastora (Arislourdes), han
comprendido que, desde su vocación y competencia particular, pueden
acompañar al prójimo indefenso y vulnerable para que salgan de
la situación en la que se encuentra. Interesa de manera específica su
compromiso con las mujeres pobres que sufren violencia (violencia de
la pobreza y violencia física), porque en su peregrinaje cristiano, las
dos comprendieron que la defensa de la dignidad humana de la mujer,
como creación de Dios, forma parte integral de la misión de la iglesia.
Comprendieron, además, que una forma de construir ciudadanía
es precisamente empoderando a quienes la sociedad y las iglesias
marginan, excluyen, postergan o invisibilizan.

Mujeres pentecostales, violencia y liberación

La violencia contra la mujer es uno de los problemas críticos
transversales en todos los países de América Latina y el Caribe de
habla hispana. No se trata solo de feminicidios o de violencia física,
sino también de las otras formas de violencia que sufren a diario las
mujeres: emocional, verbal, económica, entre otras.

La violencia de género es un problema que no se puede ocultar. Ocurre en todos los países y en todos los ámbitos, desde el espacio privado (la familia) hasta el espacio público (la calle, las escuelas, las universidades, los centros laborales, etc.). Sucede incluso en las iglesias y en las familias que afirman creer en Dios y vivir según los principios del evangelio.

Acerca de este problema social y político crítico que afecta a miles de mujeres de distintos estratos sociales, para el caso del Perú, se afirma lo siguiente:

> Se realizan marchas contra la violencia de género, se crean leyes para sancionar las agresiones machistas, se habla de empoderamiento femenino e igualdad de derechos. Sin embargo, los feminicidios siguen escalando en el país. El 2019 cerró con más de 169 víctimas. Tres crímenes en una semana en promedio. La cifra más alta de la última década. ¿Por qué el sistema se sigue ensañando con las mujeres? (Gallegos 2019: 12)

Frente a esta lamentable realidad, ¿cómo están respondiendo las iglesias evangélicas? ¿Permanecen impasibles o indolentes? ¿Están activas en defensa de la vida y la dignidad de las mujeres? Quizá no sean todas las iglesias evangélicas las que, tomando conciencia de esta realidad, están acompañando y ayudando directamente con acciones sociales de protección y defensa a las mujeres que sufren violencia y a sus familias. No obstante, existen experiencias valiosas que dan cuenta de un compromiso con la vida y la dignidad de las mujeres.

Por ejemplo, en Hermosillo (Sonora, México), dos instituciones vinculadas a la Iglesia de Dios de esa ciudad tienen una hermosa y ejemplar misión orientada a la defensa de las mujeres que sufren violencia: Cenda M. A. C. (Centro de Ayuda para la Mujer y su Familia) y Lazos Ágape A. C. Las dos instituciones tienen el siguiente lema misionero: ¡Formando familias sanas y felices!

Lazos Ágape A. C. define su misión con estas palabras:

> Es una asociación que brinda ayuda y asesoría gratuita a la mujer, hijas e hijos en necesidad, para que puedan vivir una vida plena, sana y con propósito, libres de maltrato y de violencia. (Folleto de promoción de Lazos A. C.)

Cenda M. A. C., por su parte, precisa su misión en los siguientes términos:

> Centro de ayuda sin fines de lucro, que brinda atención emocional, espiritual, psicológica, orientación legal y social a la mujer y su familia, con el fin de ayudarles a recuperar su autoestima, autonomía y vivan libres de todo tipo de violencia y otras problemáticas. Esto lo hacemos a través de atención personalizada de un equipo de voluntarios capacitados para atenderles. (Folleto de promoción de Cenda M. A. C.)

El testimonio de las mujeres pentecostales comprometidas con este esfuerzo de misión integral, aunque ellas no lo definan de esa manera, da cuenta del alcance de su servicio a las mujeres que sufren distintas formas de violencia en una de las regiones de México más afectadas por este problema social crítico.

Georgina, presidenta de Lazos Ágape A. C., expresa lo siguiente sobre su acción misionera en favor de las mujeres que sufren violencia:

> Estamos capacitando actualmente a 60 personas, de 16 congregaciones de la Iglesia de Dios, en temas de consejería cristiana, realidad de la violencia y tipos de violencia, autoimagen de la mujer como creación de Dios, intervención oportuna en situaciones de crisis, perfil del agresor, entre otros temas. (Entrevista a Georgina el 10 de agosto del 2019)

Acerca de su tarea específica dice:

> Como presidenta de la Asociación Civil Lazos Ágape, mi responsabilidad es coordinar y supervisar que se cumpla la misión y la visión del Centro de Ayuda, a través del esfuerzo y compromiso voluntario de psicólogas, consejeras y recepcionistas. Como consejera del Centro de Ayuda para la Mujer y su Familia estoy enterada de que el servicio que ofrecemos a las mujeres es emocional, espiritual, psicológico y de orientación legal y social, de manera confidencial, personalizada y sin fines de lucro. (Entrevista a Georgina el 10 de agosto de 2019)

Las acciones pastorales y sociales que realizan en beneficio de las mujeres, según Georgina, son las siguientes:

Atender y prevenir las consecuencias de la violencia y otros problemas que afectan a las mujeres como, por ejemplo, la ansiedad y el duelo, la baja autoestima y el estrés emocional, el abuso económico. Canalizamos los casos a diferentes dependencias del gobierno federal, estatal y municipal. Cuando el caso lo amerita, canalizamos directamente al refugio de alta seguridad que la ciudad de Hermosillo tiene para las mujeres que sufren violencia, sus hijos e hijas, con el fin de salvaguardar su integridad física y emocional. (Entrevista a Georgina el 10 de agosto de 2019)

Sobre las relaciones o alianzas estratégicas que han logrado establecer, más allá del espacio religioso, Georgina precisa:

Actualmente, formamos parte del Consejo Consultivo Sonorense de las Mujeres en el Área Social, participando en la elaboración de protocolos para mejorar la condición de las mujeres que sufren distintas formas de violencia. Participamos también en diferentes mesas de trabajo para erradicar la violencia en las familias. Otra de las áreas en la que participamos, como Asociación Civil, es impartiendo charlas sobre prevención de la violencia en instituciones privadas y en las escuelas públicas. (Entrevista a Georgina el 10 de agosto de 2019)

Georgina, con respecto a las razones que la llevaron a involucrarse en acciones de defensa de mujeres que sufren violencia, cuenta lo siguiente:

Hace mucho tiempo que a la iglesia llegan mujeres necesitadas y se daba el consejo de la Palabra, donde identificamos la necesidad de la mujer. El Señor nos llevó a un tiempo de ayuno y oración, aproximadamente 9 años. Anhelábamos tener un espacio para atender a las mujeres y ese día llegó cuando una mujer que fue aconsejada en la iglesia conoce a la que era directora del Instituto Sonorense de la Mujer. Ella conversó con esta persona comentándole cómo fue sanada y, entonces, el Instituto Sonorense de la Mujer nos buscó para conocer acerca de nuestra tarea en beneficio de las mujeres que sufrían violencia. De esa manera establecimos una relación de mutuo apoyo formándose de manera el Centro de Ayuda para la Mujer y su familia en la ciudad de Hermosillo, Sonora. (Entrevista a Georgina el 10 de agosto de 2019)

Laura, presidenta de Cenda M. A .C., describe su función al frente de esta institución defensora de las mujeres con estas palabras:

> Mi responsabilidad es lograr que se cumpla la visión y misión institucional a través de las acciones de las voluntarias: consejeras, psicólogas y personal administrativo. Para ello, coordino las tareas de las 78 voluntarias recordándoles nuestros valores institucionales: amor, integridad, confidencialidad, unidad, gratitud, responsabilidad y respeto. (Entrevista a Laura el 13 de enero del 2020)

Expresa además que las acciones institucionales se centran en lo siguiente:

> Brindar atención personalizada a las mujeres que sufren violencia para lograr su sanidad y restauración plena. A ellas se les enseña a valorarse y a recuperar su autonomía como una persona creada a la imagen de Dios. Se les enseña también a prevenir acciones de violencia y a enfrentar las consecuencias de la violencia como la depresión, la baja autoestima, la ansiedad y el estrés. (Entrevista a Laura el 13 de enero de 2020)

Con respecto a las relaciones interinstitucionales que coadyuvan a la tarea de defensa de la mujer que sufre violencia, Laura manifiesta que Cenda M. A. C.:

> … canaliza a las agencias del gobierno o a los refugios de alta seguridad los casos de violencia contra la mujer que requieren de una atención especializada, institucionalmente está presente en las mesas de trabajo sobre violencia contra la mujer en el Ayuntamiento de Hermosillo y tiene un convenio con el Instituto Sonorense de las Mujeres. Menciona también que trabajan directamente con 16 iglesias locales capacitando a voluntarios en temas de consejería, violencia intrafamiliar y otros problemas que afectan directamente a las mujeres. Para Laura, de esa manera, trabajando directamente con las iglesias

locales, se multiplican los centros de ayuda a la mujer que sufre violencia. (Entrevista a Laura el 13 de enero de 2020)

En cuanto a las razones por las que participa activamente en las acciones de Cenda M. A. C., Laura manifiesta que es el amor y la compasión por el prójimo indefenso lo que la condujo a comprometerse con la defensa de la mujer que sufre violencia (entrevista a Laura el 13 de enero de 2020). El fundamento bíblico de su compromiso, según Laura, está en Mateo 10.8; Lucas 4.18 y Gálatas 6.9. Una dimensión interesante de la misión cristiana que aparece como eje transversal en estos tres versículos es la compasión por el prójimo indefenso; una acción compasiva que es, precisamente, el eje central de la misión de Cenda M. A. C. en favor de las mujeres que sufren violencia.

Gloria, vicepresidenta y consejera del Centro de Ayuda para la Mujer y su Familia, sobre su compromiso con la defensa de las mujeres que sufren violencia, sostiene:

> Atendemos a la mujer y asistimos a su familia, enseñándoles la Palabra de Dios, para que a través de ésta aprendan cómo pueden ser libres. Animamos a las mujeres a aceptar todo lo que Dios les ofrece a sus vidas, para que, de esa manera, se empoderen para ser las personas que Dios quiere que sean. (Entrevista a Gloria el 10 de agosto de 2019)

Con respecto a las razones que explican su participación activa en esta tarea, expresa:

> La principal razón por la que realizo este servicio al prójimo es porque Dios me ha llamado a dar de gracia lo que de gracia he recibido. Él me ha dado su amor y, por esa razón, considero que tengo que compartir la buena noticia de salvación a todas las personas. ¡Es maravilloso ver las vidas transformadas! (Entrevista a Gloria el 10 de agosto de 2019)

Para Gloria, dos pasajes bíblicos valiosos sobre los cuales descansa su compromiso con la defensa de la mujer violentada son Lucas 4.18 y Mateo 28.19. Es interesante notar que ambos pasajes tienen una dimensión misionera específica y, unidos, expresan que la misión del pueblo de Dios tiene que ser necesariamente integral:

El Espíritu del Señor está sobre mí, por cuanto me ha ungido
para dar buenas nuevas a los pobres; me ha enviado a sanar a los
quebrantados de corazón; a pregonar libertad a los cautivos, y
vista a los ciegos; a poner en libertad a los oprimidos. (Lc 4.18).

Por tanto, id, y haced discípulos a todas las naciones, bauti-
zándoles en el nombre del Padre, y del Hijo, y del Espíritu Santo.
(Mt 28.19)

En la misma dirección que Gloria, María, una de las consejeras
del Centro de Ayuda para la Mujer y su Familia, cuando explica el
fundamento de su compromiso con la defensa de la mujer en situación
de violencia, además de Lucas 4.18, utiliza un pasaje bíblico bastante
sugerente: Gálatas 6.9–10 (entrevista a María el 10 de agosto del
2019). Se trata de un texto paulino que insta, como especifica María,
a un compromiso con el prójimo que se encuentra en situación de
vulnerabilidad (entrevista a María el 10 de agosto de 2019):

No nos cansemos, pues, de hacer bien; porque a su tiempo
segaremos, si no desmayamos. Así que, según tengamos oportunidad, hagamos bien a todos, y mayormente a los de la familia
de la fe. (Gá 6.9–10)

Martina, otra de las consejeras del Centro de Ayuda para la Mujer y
su Familia, explica con estas palabras su tarea concreta: «Atiendo
especialmente a adolescentes y jóvenes que llegan a nuestra institución
con problemas emocionales debido al divorcio de sus padres, abuso
sexual o alguna forma de adicción» (entrevista a Martina el 10 de
agosto de 2019). Uno de los pasajes bíblicos en los que descansa su
acción misionera es el siguiente:

Hermanos míos, ¿de qué aprovechará si alguno dice que tiene
fe, y no tiene obras? ¿Podrá la fe salvarle? Y si un hermano o una
hermana están desnudos, y tienen necesidad del mantenimiento
de cada día, y alguno de vosotros le dice: Id en paz, calentaos
y saciaos, pero no le dais las cosas que son necesarias para el
cuerpo, ¿de qué aprovecha? Así también la fe, si no tiene obras,
es muerta en sí misma. (Stg 2.14–17)

Martina, como las otras mujeres pentecostales, fundamenta su acción misionera en pasajes bíblicos cuya connotación social e incluso política (ellas no lo verían, tal vez, de esa manera), es innegable, como en el caso de Santiago 2.14–17, un texto que desacomoda porque interpela nuestra comodidad, indiferencia, apatía e inacción, frente a problemas sociales visibles y concretos, como la violencia contra la mujer.

La experiencia personal y colectiva de mujeres pentecostales activas en la defensa de las mujeres y sus familias que viven en situaciones de violencia, indica que, aunque ellas no lo expresen en estos términos, caminan en la vereda de la misión integral. En otras palabras, unen al discurso religioso, una acción social y política concreta en favor de un sector vulnerable en un contexto en el que predominan el machismo y la violencia en contra de la mujer. De esa manera, aunque probablemente sin proponérselo, coadyuban al fortalecimiento de la democracia, entre otras razones, porque apuestan por la igualdad de oportunidad y la justicia para todos.

Estas mujeres pentecostales, consecuentemente, con sus acciones sociales que tienen una connotación política precisa, luchan frontalmente contra la violencia, buscando que las mujeres sean liberadas de las distintas formas de opresión y marginación que sufren en sociedades que no siempre las defienden activamente. Y es así porque si bien las leyes pueden ser actualmente más favorables para las mujeres, no siempre los operadores de la justicia (jueces, fiscales, policías) lo entienden así y, peor aún, son en ocasiones indolentes, machistas y patriarcales.

Sobre esta realidad de inoperancia, indolencia y falta de eficiencia y eficacia para contener y terminar con la violencia en contra de la mujer, la situación peruana es más que ilustrativa. De la violencia contra la mujer en el Perú en el 2019, se afirma en un reciente informe:

> [La] Cifra de feminicidios es las más alta de la década. Nada parece detener la ola de violencia de género en el país. A pesar de que muchas de las víctimas tenían protección, sus agresores llegaron hasta ellas y las asesinaron. El Estado volvió a fallar [...]. La sensación de impunidad crece ante la falta de apoyo de los operadores de justicia. Y es que a pesar de los 166 feminicidios registrados y más de 330 tentativas, solo 92 agresores han ingreso a prisión. (León 2019: 18)

Las cifras actuales dan cuenta de la gravedad de esta situación y de la condición de indefensión y vulnerabilidad en la que se encuentran cientos de mujeres:

> [Cien] mil mujeres buscaron apoyo en los CEM [Centros de Emergencia Mujer], pero menos de 700 lograron sentencia, según la Defensoría [del Pueblo]. [Ocho] mil mujeres están en riesgo severo de ser víctimas de feminicidio. (León 2019: 20)

Frente a este panorama, no exclusivo del Perú, por supuesto, porque se trata de un problema social y político transversal a todo América Latina y el Caribe de habla hispana, acciones colectivas como las emprendidas por las mujeres pentecostales resaltan notablemente, en particular por tratarse de un sector religioso supuestamente poco o nada interesado en los problemas sociales y los asuntos públicos.

Mujeres evangélicas, democracia y justicia social

Las mujeres pentecostales, como sus vecinas no evangélicas, fueron pasando de vecinas a dirigentes, de amas de casa al escenario público, del silencio a la protesta social. ¿Cuáles fueron sus motivaciones para insertarse en la atención directa a necesidades humanas básicas como la alimentación y a luchar frontalmente contra flagelos sociales y políticos como la violencia contra la mujer?

Las motivaciones o los disparadores que generaron su inserción en diversos espacios de acción ciudadana fueron los siguientes:

> La necesidad económica las forzó a vincularse a las Organizaciones Populares. La realidad de la pobreza y el sufrimiento les abrió los ojos para interesarse por las necesidades de las otras personas, de sus vecinos, del prójimo que compartía la misma carencia material. En ese proceso fueron descubriendo que estos espacios de acción ciudadana, además de atender directamente necesidades humanas básicas (alimentación, salud), contribuía también a fortalecer la democracia.

La realidad de las carencias materiales y de la violencia contra la mujer, por otro lado, forzó a las mujeres pentecostales a involucrarse en acciones sociales y políticas orientadas a la generación de ingresos económicos y a la lucha contra toda forma de violencia que afectaba a las mujeres. Aprendieron que, colectivamente, se pueden generar nuevas formas de fortalecer la democracia y de lograr la justicia social para todos.

Descubrieron que en la gestión ciudadana se requería, aparte de habilidades y creatividad, integridad y justicia en todas las relaciones y responsabilidades. De esa manera se fueron haciendo líderes y promotoras de prácticas democráticas más justas.

Teniendo en cuenta lo señalado previamente, habría que reforzar, consecuentemente, el papel de las iglesias como espacios en los que se enseñe a los miembros (varones y mujeres, niños y adultos) a ser ciudadanos responsables y honestos en todos los ámbitos de la vida y, particularmente, cuando tengan que ejercer una función pública. No se trata únicamente de percibir a las iglesias evangélicas «como escuelas para la democracia y para la movilidad social» (Berger 1999: 14) o como «espacios sociales autónomos» (Martin 1999: 41) y «asociaciones voluntarias en las que se les transmite a los fieles ciertas características culturales como la participación, el pragmatismo, la competencia o la disciplina personal» (Martin 1999: 49). La tarea es de largo aliento y demanda especialmente el cultivo de la paciencia para la formación de personas con una nueva mentalidad y, por lo tanto, con una nueva forma de entender su conducta ciudadana. ¿Qué aprendieron entonces las mujeres pentecostales en el proceso de pasar de vecinas a ciudadanas? Cuatro asuntos destacan en este proceso:

a) Fueron comprendiendo que el evangelio es una verdad pública, es decir, que no es un mensaje privado confinado a los templos, ni un discurso religioso para almas incorpóreas.

b) Descubrieron que el testimonio cristiano no está restringido al ámbito personal y familiar de la vida, sino que se relaciona también con la ciudadanía plena, y que la ciudadanía plena se expresa en una participación activa en los movimientos sociales y en acciones concretas de defensa de la vida y la dignidad de las mujeres.

c) Se dieron cuenta de que la ética evangélica no se limita a la ética privada o personal, sino que tiene, además, una dimensión pública orientada a la búsqueda del bien común, a la igualdad de oportunidades y a la justicia para todos. Esto explica por qué no tuvieron problemas para unirse con mujeres no evangélicas que, al igual que ellas, tenían los mismos problemas personales, familiares y sociales: alimentación, salud, vivienda, violencia, bajos ingresos económicos, entre otros.

d) Aprendieron que la pobreza, la falta de oportunidades y las limitaciones para acceder a una justicia plena, las unía con sus vecinas no evangélicas que luchaban para tener una mejor calidad de vida. Lucharon juntas para vencer todas las dificultades que tenían como personas pobres y marginadas y aprendieron que la solidaridad y la generosidad era un mejor camino que el egoísmo y la mezquindad.

Para seguir pensando

Habría que tener en cuenta como piso común para seguir pensando en la dimensión más pública del testimonio cristiano, particularmente los hombres, la singularidad del testimonio cristiano en el mundo patriarcal, en el que tanto Jesús como los discípulos proclamaron públicamente la buena noticia de la salvación:

> La venida de Cristo modificó de forma notoria no sólo el papel de la mujer en la sociedad de su tiempo, sino también la forma de ver o de percibir a la mujer. La mujer judía, respetada como madre, pero ausente de la vida pública, se encuentra con Jesús en una situación que es totalmente nueva para ella, porque Jesús la incorpora a su misión y, con ello, la mujer puede salir del estrecho ámbito de la vida familiar, escuchar sus enseñanzas y seguirle en su itinerancia. (Bautista 1993: 52)

Las mujeres pentecostales, forzadas por la creciente situación de carencias materiales en la que se encontraban ellas y sus familias, así como por la inocultable realidad de la violencia en contra de ellas, tuvieron que organizarse para luchar contra la pobreza y la exclusión en un contexto social y político de crecientes desigualdades, injusticia institucionalizada y mentalidad patriarcal y prácticas machistas. Fueron pasando, entonces, de la marginación a la conquista de su ciudadanía, y de la esfera del hogar a la vida pública.

En ese proceso en el que pasaron de vecinas a ciudadanas, fueron haciéndose dirigentes sociales más allá incluso de la frontera religiosa y, con ello, desarrollando su enorme potencial humano en su lucha diaria por mejorar la situación de los «pobres entre los pobres». Estas mujeres, herederas de las mujeres galileas que siguieron a Jesús, con su peregrinaje en esos espacios sociales anteriormente vedados o prohibidos para los evangélicos, han abierto nuevas fronteras para el testimonio cristiano y están articulando nuevas maneras de canalizar la creciente toma de conciencia del papel ciudadano de los evangélicos. Esta es una realidad que se observa con mucha atención en distintos lugares y regiones del suelo latinoamericano.

Capítulo 13

El papel de las mujeres en la misión de Dios

La práctica liberadora de Jesús desde la perspectiva lucana

En el tercer evangelio, con la maestría que le caracteriza, Lucas registra bellas historias de vida conectadas con la misión liberadora de Jesús. Al inicio del evangelio y, como prólogo para su obra en dos tomos (el Evangelio de Lucas y Hechos de los Apóstoles), explica el proceso que siguió para escribir estos documentos del Nuevo Testamento («me ha parecido también a mí, después de haber investigado con diligencia todas las cosas desde su origen, escribírtelas por orden»). Como investigador acucioso, diligente, afirma que tuvo acceso a fuentes orales y fuentes escritas («Puesto que ya muchos han tratado de poner en orden la historia de las cosas que entre nosotros han sido ciertísimas») y que, necesariamente, tuvo que ser selectivo en el momento de escribir su historia de Jesús y de las primeras comunidades de discípulos («investigado con diligencia [...] escribírtelas por orden»).

Habría que tener en cuenta, entonces, cuando se examina la obra lucana, que todo lo que Lucas registra tiene una clara intención catequética que se construye sobre una alfombra teológica precisa: Dios es vida y desde el reverso de la historia viene el anuncio de la buena noticia de liberación. Esto explica, por ejemplo, la razón por la que registra que los primeros destinatarios y portadores del advenimiento del Mesías al mundo fueron gente del pueblo de a pie, antes que los encumbrados dirigentes religiosos de Jerusalén. Zacarías, Elisabet, María, Simeón, Ana, los pastores son precisamente judíos de la periferia, sin poder político y religioso alguno, gente del «montón».

Se tiene que subrayar, además, que para Lucas nada de lo que escribe es anecdótico, material de relleno o información circunstancial. Todo apunta a afirmar que el pregón del reino de vida viene desde abajo, desde los olvidados de la historia, como las mujeres galileas, desde la cuna de los desheredados del mundo. Teniendo en cuenta esta perspectiva teológica propia de Lucas y pensando especialmente en las mujeres, la pregunta concreta a la que se responderá en esta breve reflexión, a la luz del testimonio del tercer evangelio, será la siguiente: ¿tienen las mujeres un papel protagónico en la misión de Dios o son simples personajes secundarios o periféricos en la historia de la salvación?

Aunque en las cartas paulinas se puede encontrar referencias claves con respecto a la participación de las mujeres en la misión de Dios, como colaboradoras y compañeras del apóstol Pablo (Priscila, Febe, Evodia, Síntique, Trifena, Trifosa, Pérsida, María y, probablemente Junias, si se trata en efecto de una mujer), la propuesta teológica lucana (particularmente su evangelio)[36] responde directamente a esta cuestión.

¿Qué se afirma en el tercer evangelio con respecto al papel de las mujeres en la misión de Dios, tanto como beneficiarias de la buena noticia de salvación y como embajadoras de la gracia de Dios? La universalidad de la salvación y la amistad especial de Jesús de Nazaret con los que se encuentran en la periferia del mundo, hebras teológicas lucanas que tejen la alfombra sobre la que se asentó su práctica liberadora, tuvo como correlato la gestación de una comunidad alternativa a la sociedad circundante. La formación de esta comunidad de igualados tuvo consecuencias sociales y políticas que, a la larga, afectaron notablemente la estructura, mentalidad y modelo de vida del mundo patriarcal del primer siglo.

Fue así porque Jesús liberó integralmente a todos los que se unieron a su movimiento galileo. Liberó a las personas, hombres y mujeres de distinta condición de vida, de todas las opresiones que las cosificaban y deshumanizaban, convirtiéndolas en desperdicio cultural,

---

[36] En Hechos de los Apóstoles, Lucas se refiere también a varias mujeres, entre ellas, Prisca o Priscila, Dorcas, Lidia y las hijas de Felipe el evangelista.

social y religioso. El Jesús lucano rompe prejuicios sociales, culturales, religiosos y políticos, tanto de género como de generación, afirmando así la universalidad del amor de Dios.

Entre estas personas estuvieron las mujeres galileas que, desde el inicio del movimiento de Jesús en la marginal Galilea, formaron parte de la comunidad de discípulos (Lc 23.55). Jesús de Nazaret, a diferencia de los rabinos judíos y las escuelas rabínicas de aquel tiempo, además de aceptar mujeres como discípulas en clara oposición a las reglas socialmente aceptadas de ese tiempo, caminaba con ellas en lugares públicos y se relacionaba abiertamente con mujeres que tenían poder económico y con mujeres de dudosa reputación (Lc 8.1–3). Esta fue una práctica contracultural y antisistema, única en su tiempo y paradigmática para todos los tiempos. No se debe olvidar, además, que las mujeres que seguían a Jesús, si bien provenían de distintos estratos sociales (Juana y Susana en contraste con María Magdalena), compartían la condición de personas excluidas en la sociedad estamental y patriarcal de Palestina.

El autor del tercer evangelio coloca a las mujeres como protagonistas de la historia de la salvación. Ellas no son simples espectadoras, personajes secundarios, accesorios desechables o material de relleno en la historia de Jesús que Lucas registra en su evangelio. En el evangelio lucano las mujeres no son ninguneadas o tratadas como sobrantes, nunca están calladas y no son amordazadas o invisibilizadas. Hablan con su silencio o con su voz, con gestos y con palabras, con su compromiso firme con la vida. Ellas participan activamente en el movimiento de Jesús, son puestas como ejemplo y modelo de confianza en Dios, estuvieron al pie de la cruz y fueron testigos privilegiadas de la resurrección. Las mujeres galileas destacan por su compromiso público con Jesús (Lc 8.1–3), su fidelidad hasta las últimas consecuencias (Lc 23.49, 55–56), los riesgos que tuvieron que enfrentar cuando fueron a la tumba de Jesús (Lc 24.1) y como pregoneras privilegiadas de la buena noticia de su resurrección (Lc 24.9–11).

Sobre su protagonismo en la historia de la salvación, en el evangelio de la infancia (Lc 1–2) Lucas subraya que fueron testigos primarios del advenimiento del Mesías, portavoces del amor universal de Dios y sujetos favorecidos de su amistad especial con los de la periferia del mundo. De esa manera, dos mujeres ancianas (Elisabet y Ana) y una joven campesina galilea (María) dan testimonio de la forma como Dios actúa en la historia, utilizando para su propósito de salvación a quienes para nada se les tenía en cuenta en el discurso oficial o que estaban consideradas como desperdicio social.

Las historias paradigmáticas de la suegra de Pedro (Lc 4.38–39), la viuda de Naín (Lc 7.11–17), la mujer que ungió a Jesús con perfume (Lc 7.37–50), la hija de Jairo (Lc 8.40–42, 49–56), la mujer que tenía flujo de sangre (Lc 8.43–48), Marta y María (Lc 10.38–42), la mujer encorvada (Lc 13.10–17) y la viuda pobre (Lc 21.1–4) abonan también en la misma dirección: el trato favorable que Jesús tuvo con las mujeres y su protagonismo central como sujetos del amor y la justicia del reino de Dios.

Lucas puntualiza entonces, a lo largo de su historia sobre Jesús, que la buena noticia de salvación fue desmantelando, paso a paso, las estructuras de opresión de la sociedad estamental y patriarcal que tenía a las mujeres como menos importantes, como sobrantes, como ripio social o como artículos accesorios. Al darles voz y ponerlas como protagonistas en la historia de Jesús, además de resucitarlas socialmente, valoró su dignidad como creación de Dios y reconoció su importancia como sujetos en pie de igualdad con los hombres. Aquí es importante acentuar el esmero que Lucas tiene en su evangelio por visibilizarlas, situándolas en el centro de las historias que registra, dejando que hablen con palabras y con gestos que dan testimonio de que han sido liberadas integralmente de todas las opresiones que las cosificaban y deshumanizaban.

Las mujeres lucanas, como las mujeres galileas, son señales visibles de la presencia del reino de Dios que acoge a todos, transforma todo y libera para disfrutar de la libertad y la justicia de Dios en la cotidianidad de todas las relaciones humanas. En otras palabras, según Lucas, la radicalidad de la buena noticia de salvación no está reñida con la universalidad del amor de Dios. Desde la perspectiva lucana, todo es prójimo y somos prójimo de todo, y esta exigencia incluye, por supuesto, a la presencia de las mujeres como embajadoras en primera línea de la gracia y la justicia del Dios de la vida. ¿No fue esta la comisión encargada a María Magdalena, testigo privilegiada del triunfo de la vida sobre la muerte y embajadora singular de la resurrección de Jesús?

En síntesis, el Jesús lucano, con sus palabras y sus acciones de justicia, va proclamando y visibilizando una liberación integral. Denuncia los pecados personales y sociales, desestructurando prácticas sociales, culturales y religiosas que rebajaban la dignidad humana de mujeres, cobradores de impuestos, samaritanos y enfermos de todo tipo. Libera a personas como las mujeres de todas las opresiones que desfiguraban su valor como imagen de Dios y devaluaban su dignidad como creación de Dios. Da voz a quienes no tienen voz en la sociedad oficial (bastaría pensar solamente en las palabras de la anciana Elisabet y en el canto liberador de María, así como en el testimonio de la anciana viuda Ana, antes de seguir afirmando que las mujeres están condenadas al silencio). Convierte en protagonistas de la historia de la salvación a quienes estaban considerados como insignificantes y sobrantes, como fue el caso de las mujeres. Y forma una comunidad voluntaria de igualados que, con su estilo de vida, se convierten en una crítica abierta a la sociedad estamental y patriarcal del primer siglo.

Capítulo 14

Amigo de la vida

Lucas 1.5–25

El Dios de la Biblia, justo y que ama la justicia, es amigo de la vida. Toda forma de muerte y violencia, visible o encubierta, es contraria a su propósito de vida plena para todos los seres humanos y toda la creación. Particularmente, la experiencia de orfandad e indefensión de dos ancianos, Zacarías y Elisabet, narrada bellamente por Lucas en el evangelio que lleva su nombre, visibiliza la acción de Dios en la historia como amigo de la vida. Según el evangelista, Dios en su acción liberadora revierte el destino de estas personas que, de una realidad de postergación, desprecio y ninguneo, pasaron a ser protagonistas en la historia de la salvación. Dios actúa así en la historia, desde la otra orilla, desde el reverso de la historia, desde la periferia de la sociedad.

En efecto, como Lucas puntualiza en el tercer evangelio, dos adultos mayores (Elisabet y Zacarías), condenados al desván de las relaciones humanas, tanto por su edad como por no tener descendencia, resucitaron socialmente gracias a la acción liberadora del Dios de la vida. El embarazo inesperado y sorprendente de Elisabet, a una edad en la que una mujer no podía concebir, siendo además estéril, fue un milagro extraordinario que la dignificó social y culturalmente. Esta acción liberadora del Dios de la vida fue especialmente notable dentro de una realidad patriarcal en la que una mujer estéril estaba considerada como una persona que no tenía el favor de Dios, una persona despreciada y ninguneada por todos.

Así lo reconoció la misma Elisabet en su canto de liberación: «Así ha hecho conmigo el Señor en los días en que se dignó quitar mi afrenta entre los hombres» (Lc 1.25). Ciertamente era una afrenta social, cultural y religiosa su condición de mujer estéril y su incapacidad de prolongar el linaje familiar. Quizá esto explique las razones por las que tuvo que recluirse en su casa «cinco meses» para evitar comentarios fuera de lugar y rumores infundados (Lc 1.24). ¿Quién en su sano juicio creería que una anciana estéril estaba embarazada? La vergüenza social y el deshonor, el estigma cultural y religioso la condenaban a ser una muerta en vida, un escándalo social, una vergüenza familiar. Esta mujer anciana y estéril se encontraba en una realidad de muerte social, cultural y religiosa de la que el Dios de la vida, con su acción liberadora la rescató, resucitándola socialmente. Él fue su *go'el*, su vindicador, su pariente cercano.

Dios pudo haber utilizado a cualquier otro matrimonio judío para que fueran los padres del precursor del Mesías (Juan el Bautista). Sin embargo, actuando a contracorriente y desestructurando los prejuicios sociales, culturales y religiosos, utilizó a dos adultos mayores que tenían, además de la desventaja de la edad en la que la mujer no podía concebir naturalmente (Lc 1.7), la esterilidad de Elisabet (Lc 2.7). Dios respondió así a la oración de Zacarías (Lc 1.13), aunque él mismo no creyó en la respuesta de Dios (Lc 1.18–20), cambiando la historia de vida de estos adultos mayores. El Dios de la vida demostró así, concretamente, que para él nada es imposible, y que todo es posible en su soberanía. Dignificó a Zacarías y a Elisabet, los insertó en la historia de la salvación y los convirtió en padres del precursor del Mesías.

Dios, amigo de la vida, reivindicó socialmente a dos adultos mayores, condenados al ostracismo social y al basural de la historia. Dignificó públicamente a una mujer tratada como inservible, despreciada, desfavorecida por Dios, según los prejuicios religiosos, e incapaz de tener hijos y asegurar la continuidad del linaje familiar. Visibilizó de tal manera a Elisabet que ella, una anciana estéril y despreciada, se convirtió en una protagonista de primera línea en la historia de la salvación: fue la madre de Juan el Bautista, un gran profeta (Mt 11.11; Lc 7.28), el pregonero del Mesías.

Así actúa Dios en la historia. En su providencia, va siempre a contracorriente de los prejuicios socialmente validados, culturalmente legitimados y religiosamente santificados. Los indefensos de la sociedad como Elisabet, los postergados de la historia oficial, los ninguneados del mundo, los invisibilizados políticamente, tienen en él a su *go'el*. ¡Dios es vida, vida plena, vida con justicia!

Capítulo 15

¡Cosas de mujeres!

Lucas 1.39–45

La historia de la salvación estaría incompleta sin el protagonismo de las mujeres. En los evangelios, particularmente en el relato de Lucas conocido como el «Evangelio de la infancia» (Lc 1-2), se destaca notoriamente la presencia activa de las mujeres, no como personajes de relleno, protagonistas secundarios o simples anécdotas. Elisabet, María y Ana dan cuenta de esa realidad inocultable.

Interesan especialmente para nuestra reflexión, Elisabet y María, una anciana estéril y una adolescente galilea, triplemente despreciadas por ser mujeres, pobres y campesinas. Una de ellas llevaba en su vientre al precursor del Mesías y la otra al mismo Mesías. Se trata de dos mujeres, una de Judea y la otra de Galilea, cuyo protagonismo en la historia de Jesús es visible.

El encuentro de estas mujeres embarazadas (Lc 1.39-45) es altamente significativo. La presencia del Espíritu es clave en ese encuentro. Una presencia que eclosiona alegría y que conduce a que un no nacido reconozca en el vientre de María al Mesías («cuando oyó Elisabet la salutación de María, la criatura saltó en su vientre», Lc 1.41) y que Elisabet reconozca en María a la madre del Señor («Bendita tú entre las mujeres, y bendito el fruto de tu vientre. ¿Por qué se me concede esto a mí, que la madre de mi Señor venga a mí?», Lc 1.42-43). De esa manera, Dios reivindica, dignifica y visibiliza a dos mujeres en una sociedad que las considera como ripio descartable, desmantelando así los prejuicios sociales y culturales, religiosamente validados, que las cosifican.

Habría que resaltar en esta historia lucana la figura de María. Según Lucas, una adolescente galilea, campesina despreciada por los orgullosos judíos de Jerusalén, fue capaz de escuchar y obedecer a Dios, entregando lo más preciado que tiene una mujer: su vientre. Ella se vio a sí misma como la esclava del Señor, dispuesta a ser acusada de adulterio y ser humillada públicamente debido a su embarazo incomprensible para quienes no están dispuestos a creerle a Dios. En su vientre joven comenzó a forjarse la historia de la salvación, la novedad de vida que cambiaría la historia y que revertiría el destino de los pobres de la tierra. Las mujeres adolescentes y jóvenes tienen en María de Galilea un modelo y un ejemplo vivo de obediencia, fidelidad y compromiso con la vida y la justicia de Dios. Las mujeres, como la campesina galilea María, no son personajes de relleno en la historia de la salvación, sino protagonistas centrales y visibles.

En este hermoso pasaje lucano destaca claramente, como en otros relatos del tercer evangelio, el papel protagónico de las mujeres en el propósito de liberación integral del Dios de la vida. Ellas hablan de la vida y por la vida, disfrutan de la vida, llevan en su vientre la promesa de vida y la realidad de una vida plena, comparten la alegría de ser canales humanos de la gracia imparcial de Dios y de la gratuidad de su amor.

Las palabras y las acciones de estas dos mujeres embarazadas dan cuenta de que la presencia del Dios de la vida en la cotidianidad de los «descartables» en las sociedades asimétricas (esa era precisamente la condición de las mujeres en la sociedad patriarcal y piramidal del primer siglo) revierte su destino y los convierte en pregoneras de su justicia, embajadoras de su paz y anunciadoras de una nueva realidad en la que desaparecen todas las formas de violencia visibles o encubiertas.

Como se ha subrayado, según el relato lucano, un niño que se encontraba en el vientre de su madre (Elisabet), una anciana pobre del pueblo de a pie, fue capaz de reconocer que quien estaba en el vientre de una pariente de su madre (María) era el Mesías, el libertador prometido. ¿Fue solamente un hecho milagroso relacionado con el advenimiento del Mesías al mundo o se puede afirmar que desde el vientre de su madre los niños tienen conciencia y que son seres humanos plenos?

En el relato se resalta también que Elisabet fue capaz de discernir lo que había ocurrido con María y de reconocer a quien llevaba ella en su vientre, llamándolo mi Señor (*Kyrios*). Estas dos mujeres pobres y excluidas, dos embarazadas en cuyos vientres estaban el heraldo del

Mesías y el Mesías mismo, no eran personas importantes en la sociedad judía de ese tiempo, no provenían de familias pudientes ni políticamente poderosas, no pertenecían a la élite religiosa. Sin embargo, Dios las dignificó, las llenó de su Espíritu y les dio una misión especial. Una de ellas sería la madre del heraldo del Mesías y la otra la madre del Mesías.

¡Cosas de mujeres! Cosa de mujeres que se convierten, por la gracia de Dios, en sujetos activos en la historia de la salvación. Ambas saben que es Dios quien las libera, dignifica y visibiliza. Las palabras de Elisabet son altamente significativas: «Así ha hecho conmigo el Señor en los días en que se dignó quitar mi afrenta entre los hombres» (Lc 1.25). Lo mismo se puede afirmar con respecto a la respuesta creyente de María: «He aquí la sierva del Señor; hágase conmigo conforme a tu palabra [...]» (Lc 1.38).

En realidad, entonces, no es solamente ¡cosa de mujeres!, sino cosa de Dios que interviene en la historia para revertir el destino de los excluidos y marginados. Es así porque Dios nivela lo que la sociedad desnivela, libera lo que la sociedad oprime, visibiliza lo que la sociedad invisibiliza y dignifica lo que la sociedad deshumaniza. Se trata, por lo tanto, de cosas de mujeres respondonas que, ante la intervención de Dios en su experiencia de vida, se atreven a confiar en Él y están dispuestas a ser obedientes a su voluntad en una realidad histórica en la que ellas no contaban para nada y eran tratadas como descartables, insignificantes y sobrantes.

¿Cómo valora Dios a las mujeres indefensas, ninguneadas y oprimidas como Elisabet y María? ¿Cómo las valoramos dentro y fuera de la iglesia? ¿Qué lecciones concretas para combatir y desterrar de la vida cotidiana todas las violencias visibles y soterradas nos enseña la experiencia de estas dos mujeres embarazadas? ¿Por qué podemos afirmar que ambas hablan de la vida, cantan la vida, proclaman la vida, disfrutan la vida y derraman vida con sus palabras, sus silencios y sus gestos solidarios de mujeres embarazadas?

Capítulo 16

¡Pura vida!

Juan 11.17–27

En el evangelio que lleva su nombre, en más de una ocasión, Juan registra diálogos de Jesús con mujeres. Da cuenta de un diálogo intenso y, aparentemente controversial e irrespetuoso, con María su madre (Jn 2.1–5) y de un extenso diálogo provocador sobre asuntos religiosos, culturales y morales con una mujer de Samaria (Jn 4.1–42). Registra también un breve diálogo con la mujer acusada de adulterio (Jn 8.9–11). Juan, entonces, aunque ciertamente con menos intensidad que Lucas, acentúa el trato respetuoso que Jesús dio a las mujeres, una actitud que iba a contracorriente de las normas socialmente aceptadas y culturalmente validadas de invisibilización de las mujeres.

De los encuentros públicos de Jesús con las mujeres de su tiempo, me encanta particularmente el profundo y contextual diálogo teológico-pastoral que tuvo con Marta, la hermana de María y Lázaro (Jn 11.17–27). Parece un encuentro trivial, casual y sin mucha fibra teológica rescatable o un diálogo intrascendente para el ojo superficial. No es así en realidad. Se trata de un diálogo breve pero intenso, demasiado humano y, simultáneamente, trascendente y provocador. Jesús y Marta dialogan desde la hondura de la vida, con preguntas cotidianas del pueblo de a pie y respuestas que invitan a mirar más allá del dolor y la desesperanza.

Llama la atención, entre otras razones, que conversen, no sobre asuntos cotidianos o caseros (¿Cómo estás? ¿Y tus hijos? ¿Qué almorzaste? ¿Dormiste bien? etc.), sino sobre temas de profundo significado y alcance teológico: la vida, la muerte y la resurrección. Marta es entonces una mujer del pueblo de a pie, una vecina, una respondona que cuestiona, interpela, insiste, no se queda callada. Es una teóloga del camino, una mujer que, desde la vereda de dolor y de incertidumbre en la que se encuentra, formula preguntas provocadoras, interrogantes que brotan de la hondura de vida, palabras que buscan respuestas.

Cuando se lee esta historia, pensando en las mujeres del pueblo de a pie, uno puede preguntarse: ¿qué mujer, frente a las realidades de muerte y violencia, se queda callada?, ¿qué mujer no habla, cuestiona, interpela e insiste en busca de respuestas? Marta no solo pregunta; ella sabe preguntar y se interesa, no en superficialidades, sino en cuestiones hirvientes del día a día; esas cuestiones que no siempre los hombres se atreven a preguntar y responder.

Juan, en el cuarto evangelio, nos ha dejado la historia paradigmática de una mujer (Marta) que habla públicamente con un rabí (Jesús) en un mundo patriarcal excluyente y abusivo que condenaba a las mujeres al basural de la historia. Marta conversa públicamente con Jesús sobre la vida y la muerte, sobre nuestra humanidad, sobre nuestras alegrías y tristezas, sobre la cotidianidad y el peregrinaje humano.

¡Pura vida!

Capítulo 17

¡Flor de retama!

A una ayacuchana respondona

Entonces Jesús les dijo: No temáis; id, dad las nuevas a mis hermanos, para que vayan a Galilea, y allí me verán. (Mt 28.10)

Las historias de vida se cuentan de distintas maneras y se conectan con asuntos cotidianos o con escenas y paisajes de nuestra tierra. Precisamente, la historia que pretendo contar en este momento puede conectarse con un paisaje frecuente en la región andina del Perú: la flor de retama. Se conecta con este paisaje andino porque la persona que da vida a esta historia nació en el sur del país, una región donde esta flor es compañía frecuente de los habituales viajeros que disfrutan de su belleza y fragancia.

La flor de retama, que embellece los caminos, las laderas y las fuentes de agua en muchos lugares de la zona andina del Perú, no es solamente un símbolo de alegría y fiesta para los ojos despiertos de los asiduos caminantes de los valles andinos, sino también un símbolo de protesta y de coraje, memoria y resistencia, como se expresa en la conocida canción *Flor de retama*, escrita por el profesor Ricardo Dolorier en homenaje a los mártires de la lucha por la gratuidad de la enseñanza de Huanta, Ayacucho-Perú, asesinados en 1969.

La flor de retama puede expresar y visibilizar también, tanto la belleza y la ternura de la mujer andina como su coraje y su capacidad de resistencia. En síntesis, belleza y coraje, una mixtura que da cuenta de la esencia respondona de la mujer andina, heredera de la impronta rebelde de Micaela Bastidas, María Parado de Bellido, las Toledo (Cleofé, María e Higinia), entre otras bravas mujeres andinas peruanas.

En la acción pastoral durante más de tres décadas, conocí a muchas mujeres andinas respondonas, valientes, corajudas, que no dejaron que las violencias de la vida las silenciaran, les arrebatasen la alegría y pisotearan sus sueños. De la historia de vida de una de ellas, una bella ayacuchana, una mujer del sur, brotan estas líneas. Han pasado más de quince años desde que llegó a la iglesia con sus dos pequeños hijos y están frescas en mi memoria sus palabras y sus silencios, sus preguntas y sus respuestas, su amor por la vida y sus frustraciones, sus tristezas y sus alegrías, sus broncas y esperanzas.

Esta es, entonces, una historia de vida; historia de vida de una inmigrante ayacuchana que, cuando era adolescente y aún no terminaba la educación secundaria, vino a Lima en busca de cambiar su destino. Desde tierna edad trabajó en distintos lugares, se embarazó a edad temprana y, todavía bastante joven (menos de 20 años), ya tenía dos hijos. Fue en ese momento, en que parecía que toda su vida sería sombría y la tempestad quebraría sus sueños y esperanzas, cuando, mediante una vecina de la casa donde estaba alojada, conoció el evangelio y se integró a la iglesia local.

Tuve el honor de ser su pastor. Con mucho sacrificio, trabajando de día y estudiando en las noches, terminó la educación secundaria, consiguió terreno propio, construyó su casita y educó a sus dos hijos. Ella y sus dos hijos crecieron en la iglesia local. Llegó a ser líder de los adolescentes, profesora de la escuela dominical y de educación inicial. Actualmente sus dos hijos están estudiando en la universidad y, con seguridad, serán excelentes profesionales, porque tienen la impronta de una madre ayacuchana luchadora y corajuda que nunca se arrodilló antes las violencias de la vida.

En ocasiones, cuando pienso en esta experiencia pastoral y en el encuentro con personas como ella, cierro los ojos e intento recordar el día en que llegó a la iglesia con sus sueños y luchas, sus desencuentros y esperanzas, sus tristezas y sus alegrías inconclusas. Todavía la recuerdo, delgada y frágil, piel morena y ojos dulces, mirada fuerte y voz respondona. Tenía el sabor de la tierra amada y el aroma de los andes entrañables.

Conoció al Dios de la vida y, paso a paso, fue descubriendo que la esperanza se visibiliza en gestos de amor y que las pequeñas alegrías van tejiendo un manto firme sobre el que se afirma la nueva vida, promesa del reino, descubrimiento del amor que no cambia. Esta realidad explica por qué para ella «Dios lo es todo» (entrevista a Ida el 8 de enero del 2022). Y por qué, sin titubeos, afirma: «Él es mi padre, mi guía, mi protector, en quien puse mi plena confianza, tanto para mí como para mis dos hijos» (entrevista a Ida el 8 de enero del 2022). Pensando en sus palabras, cierro los ojos y todavía la veo en la esquina de la vida donde Dios la encontró, y donde ella descubrió que la vida tiene un sabor distinto a su lado.

De personas como ella, mujeres y hombres del pueblo de a pie, combativo y respondón, trata, me parece, la hermosa canción ayacuchana *Ofrenda,* una canción que bellamente interpretan Nelly Munguía y Manuelcha Prado. Es una canción en el dulce idioma quechua y que en su parte en castellano afirma: «El ayacuchano, él no tiene precio, cuando hay peligro ofrenda el pecho». Ella es así. Su vida es una ofrenda al Dios de la vida que la transformó en una embajadora de la vida. Por el testimonio de ella, su hermana menor conoció la buena noticia del evangelio y su mamá se acercó un poco más a Dios.

Como María Magdalena y las otras mujeres galileas, testigos de que la vida ha vencido a la muerte, ella y otras mujeres que se integraron a nuestra comunidad de fe, pasaron de ser ninguneadas a embajadoras de la gracia de Dios, de invisibilizadas a protagonistas activas en el reino de vida del Dios de la vida, de descartables a artesanas de la paz de Dios, de ripio social a pregoneras de la justicia. Siguen así las huellas de María Magdalena y las otras mujeres galileas que se convirtieron en apóstoles de la buena noticia del triunfo de la vida sobre la muerte. Ida expresa claramente esta verdad con las siguientes palabras:

> Para mí es importante el testimonio de vida. Aprendí, paso a paso, que Dios me escucha, suple todas mis necesidades y camina siempre conmigo. Aprendí también que parte esencial del testimonio es ayudar al prójimo, no solamente con la oración, sino también acompañando emocionalmente y con gestos visibles de amor; es decir, palabras y actos de misericordia. En

otras palabras, ayudar al prójimo en todas sus necesidades, en la medida que uno puede hacerlo. (Entrevista a Ida el 8 de enero del 2022)

Las iglesias pentecostales, al igual que las otras iglesias evangélicas, se convierten entonces en espacios de vida, canales de liberación y veredas de justicia para las mujeres ninguneadas, invisibilizadas y descartables de nuestras sociedades. Descubren al Dios de la vida, su destino se revierte y la realidad del reino de vida se hace patente en la recuperación de su valor y dignidad como imagen de Dios. En relación con este asunto, las palabras de Ida son más que elocuentes:

> Dios me encontró en una situación bastante complicada, penosa, lamentable. Me encontró cuando mi vida no valía nada, tanto para la sociedad como para mí misma. Tenía 23 años, con dos hijos pequeños, separada, menospreciada, ninguneada. No tenía trabajo, casa, estaba en la más absoluta miseria. Me encontró alojada en la casa de una hermana de la iglesia, en la punta del cerro, completamente abatida. (Entrevista a Ida el 8 de enero del 2022)

En su testimonio de vida precisa, además, todo lo que su encuentro con Dios produjo en su vida:

> Él cambió toda mi vida. No fue ciertamente un cambio repentino. Fue dándose paso a paso. Cambió mi forma de pensar, de sentir, de hablar, de relacionarme con los demás. Dejé atrás todo resentimiento, odio, rencor y, sobre todo, mucho dolor. Lo que para muchas personas puede parecer insignificante, para mí significó un cambio completo de mi vida y la vida de mis hijos. Dios hizo una obra maravillosa en mí, realizó cambios grandes y visibles. (Entrevista a Ida el 8 de enero del 2022)

Historias de vida como la de esta creyente pentecostal visibilizan la acción histórica cotidiana del Dios de la vida en el peregrinaje de personas y familias. Dios en su acción liberadora integral dignifica lo que la sociedad ningunea, resucita socialmente a quienes están en la periferia de la sociedad y convierte en embajadoras de su paz y justicia a mujeres que la sociedad machista cosifica y atropella impunemente.

Pensar en historias de vida como la de esta joven madre ayacuchana, militante comprometida en una iglesia pentecostal de la periferia, invita a una pastoral más contextual, más insertada en el pueblo de a pie, más solidaria con los ninguneados de la sociedad. En realidad, se trata de una acción pastoral más cercana al modelo pastoral de Jesús, «amigo de publicanos y de pecadores» (Lc 7.34); es decir, de una pastoral que exige «tener calle», «tener barrio», estar conectados con el día a día del contexto de misión y, especialmente, sintonizar con el pueblo de a pie, sus gritos de angustia y esperanza, con sus luchas y frustraciones, con sus sueños y su cotidianidad.

Bibliografía

Arana, Pedro

2019   «Carta a los Filipenses», en *Comentario bíblico contemporáneo. Estudio de toda la Biblia desde América Latina*, C. René Padilla, Milton Acosta, Rosalee Velloso, Buenos Aires: Certeza Unida-Ediciones Kairos. 1547–1557.

Barreda, Juan José

2021   «Leer la Biblia "naturalmente". Amar a Dios y al prójimo a través de una hermenéutica contextual (sobre Mateo 19.1–12)», en *Buenas nuevas desde América Latina. Reflexiones en honor a John Stott*, Nelson Morales Ed., Lima: Ediciones Puma. 71–86.

Barrig, Maruja, Ed.

1997   *De vecinas a ciudadanas. La mujer en el desarrollo urbano*, Lima: SUMBI.

Bautista, Esperanza

1993   *La mujer en la iglesia primitiva*, Estella (Navarra): Editorial Verbo Divino.

Berger, Peter

1999   «The Desecularization of the World: A Global Overview», en *The Desecularization of the World. Resurgent Religion and World Politics*, Washington-Grand Rapids: Ethics and Public Policy Center-William B. Eerdmans. 1–18.

Blondet, Cecilia

1993   «Poder y organizaciones populares. Estrategias de integración social», en *El poder en el Perú*. Ed. Augusto Álvarez, Lima: Apoyo. 189–201.

2001   *Lecciones de la participación política de las mujeres*, JCAS Occasional Paper N.º 9, Osaka-Japón: JCAS-IEP Series V.

Bock, Darrell

1994   *Luke*, Downers Grove-Leicester: InterVarsity Press.

Brown R. E., Donfried K. P., Fitzmyer J. A., Hamann J.

1994   *María en el Nuevo Testamento. Una evaluación conjunta de estudiosos católicos y luteranos*, Salamanca: Ediciones Sígueme.

Bruce, F. F.

1993   *The Letter of Paul to Romans*, Leicester-Grand Rapids: InterVarsity Press-William B. Eerdmans Publishing Company.

1998   *Hechos de los Apóstoles. Introducción, comentario y notas*, Buenos Aries: Nueva Creación-William B. Eerdmans Publishing Company.

CEPS

1994a   «Evangélicas y pobreza. Una lucha diaria por servir», *Caminos* N.º 45 (junio de 1994): 8–9.

1994b   «Chuquitanta. Un ministerio desde los pobres», *Caminos* N.º 45 (junio de 1994): 14–15.

Comisión de la Verdad y Reconciliación (CVR)

2003   *Informe final*, tomo III, primera parte, "El proceso, los hechos, las víctimas", Lima: Comisión de la Verdad y Reconciliación.

Conferencia Episcopal Peruana-Comisión Episcopal de Catequesis, Pastoral Bíblica y Pastoral Indígena-Sociedad Bíblica Peruana

2012   *Pablo y sus comunidades IV-Colosenses y Efesios. Lectio divina con las cartas de Pablo*, Lima: Conferencia Episcopal Peruana-Comisión Episcopal de Catequesis, Pastoral Bíblica y Pastoral Indígena-Sociedad Bíblica Peruana.

Conti, Cristina

2003   «El amor como praxis. Estudio de Lucas 7.36–50», en *Revista de Interpretación Bíblica Latinoamericana* 44: 53–70.

De Beeching, M.

2003   «Dorcas», en *Nuevo diccionario bíblico Certeza*, F. F. Bruce, I. H. Marsahll, A. R. Millard, J. I. Packer. D. J. Wiseman Eds., Barcelona-Buenos Aires-La Paz: Certeza Unida. 376.

Douglas, J. D.

2003   «Evodia», en *Nuevo diccionario bíblico Certeza*, F. F. Bruce, I. H. Marsahll, A. R. Millard, J. I. Packer. D. J. Wiseman Eds., Barcelona-Buenos Aires-La Paz: Certeza Unida. 479.

Drogus, Carol Ann

1997   «Private Power or Public Power: Pentecostalism, Base Communities, and Gender», en *Power, Politics and Pentecostals in Latin America*, Eds. Edward Cleary and Hannah Stewart-Gambino, Boulder (Colorado): Westview Press. 55–75.

Ellis, E. E.

1993   «Paul and his coworkers», en *Dictionary of Paul and his Letters*, Gerald Hawthorne, Ralph Martin, Daniel Reid Eds., Downers Grove-Leicester: InterVarsity Press. 183–189.

Fee, Gordon

1994   *Primera Epístola a los Corintios*, Buenos Aires-Grand Rapids: Nueva Creación-William B. Eerdmans Publishing Company.

2006   *Comentario de la Epístola a los Filipenses*, Barcelona: Editorial CLIE.

2008   *Comentario de las epístolas a Primera y Segunda de Timoteo y Tito*, Barcelona: Editorial CLIE.

Feser, Catalina

2019   «La mujer», en *Comentario bíblico contemporáneo. Estudio de toda la Biblia desde América Latina*, C. René Padilla, Milton Acosta, Rosalee Velloso, Buenos Aires: Certeza Unida-Ediciones Kairos. 795.

Fitzmyer, Joseph

1972   «Carta a los Romanos», en *Comentario bíblico San Jerónimo*, tomo IV, Nuevo Testamento II. Eds. Raymond Brown, Joseph Fitzmyer, Roland Murphy, Madrid: Ediciones Cristiandad. 100–202.

Gallegos, Juana

2019   «Las siguen matando», *Domingo* (revista de *La República*), 29 de diciembre del 2019, pág. 12–13.

García Sayán, Diego

1988   «Presentación», en *Democracia y violencia en el Perú*, Ed. Diego García Sayán, Lima: CEPEI. 11–18.

González, Justo

2000   *Hechos de los Apóstoles*, Buenos Aires: Ediciones Kairós.

Green, Michael

1979   *La evangelización en la iglesia primitiva. Los evangelistas, las motivaciones, la estrategia, los métodos,* tomo V, Buenos Aires: Ediciones Certeza.

Guthrie, Donald

1999   *The Pastoral Epistles*, Leicester-Grand Rapids: InterVarsity Press-William B. Eerdmans Publishing Company.

Gutiérrez, Gustavo

2004   *El Dios de la vida*, Lima: Instituto Bartolomé de la Casas-Centro de Estudios y Publicaciones.

Hall, D. R.

2003   «Salomé», en *Nuevo diccionario bíblico Certeza*, F. F. Bruce, I. H. Marsahll, A. R. Millard, J. I. Packer. D. J. Wiseman Eds., Barcelona-Buenos Aires-La Paz: Certeza Unida. 1206.

Hamman, A.

1967   *La oración: I. El Nuevo Testamento, II. Los tres primeros siglos,* Barcelona: Editorial Herder.

Haubert, Katherine
  1993   *La mujer en la Biblia. Implicaciones para el liderazgo femenino en la iglesia*, San José (Costa Rica): Visión Mundial.

Instituto de Defensa Legal
  1994   «En nombre de los inocentes: ¿Así se paga a quienes combaten a Sendero?», *Ideele* N.º 64 (mayo de 1994): 33–34.

Isaak, Paul John
  2006   «Luke», en *Africa Bible Commentary*, Editor Tokunboh Adeyemo, Nairobi: WordAlive Publishers-Zondervan. 1203–1250.

Jeremias, Joachim
  2000   *Jerusalén en tiempos de Jesús. Estudio económico y social del mundo del Nuevo Testamento*, Madrid: Ediciones Cristiandad.
  2009   *Teología del Nuevo Testamento. La predicación de Jesús*, Salamanca: Ediciones Sígueme.

Johnson, Luke
  1992   *The Acts of the Apostles*, Collegeville (Minnesota): The Liturgical Press.

Kasali, David
  2006   «Romans», en *Africa Bible Commentary*, Editor Tokunboh Adeyemo, Nairobi: WordAlive Publishers-Zondervan. 1349–1376.

Kroeger, C. C.
  1997   «Women in the early church», en *Dictionary of the later New Testament*, Eds. Ralph Martin & Peter Davids, Downers Grove-Leicester: InterVarsity Press. 1215–1222.

La República
  1994   «Santosa Layme Bejar: Libertad», *Domingo* (revista de *La República*), 20 de marzo de 1994, p. 6.

Larkin, William
  1995   *Acts*, Downers Grove-Leicester: InterVarsity Press.

Leal, Juan
  1973   *Evangelio según Lucas*, Madrid: Biblioteca de Autores Cristianos. 1–275.

León, Jesica
  2019   «De Clorinda hasta Katty: los rostros de las 166 mujeres asesinadas en este año», *La República*, 31 de diciembre del 2019, pp. 18–20.

Levine, Daniel, Stoll, David
  1997   «Bridging the Gap Between Empowerment and Power in Latin America», en *Transnational Religion and Fading State*, Eds. Susanne Hoeber y James Piscatori, Boulder (Colorado): Westview Press. 63–103.

López, Darío

1998   *Los evangélicos y los derechos humanos. La experiencia social del
        Concilio Nacional Evangélico del Perú 1980-1992*, Lima: Centro
        Evangélico de Misiología Andino-Amazónica.

2000   *Pentecostalismo y transformación social. Más allá de los estereotipos,
        las críticas se enfrentan con los hechos*, Buenos Aires: Ediciones
        Kairos.

Mariz, Cecilia, Campos María

1997   «Pentecostalism and Women in Brasil», en *Power, Politics, and
        Pentecostals in Latin America*, Eds. Edward Cleary y Hannah Stewart-
        Gambino, Boulder (Colorado): Westview Press. 41-54.

Marshall, Howard

1996   *The Acts of the Apostles*, Leicester-Grand Rapids: InterVarsity Press-
        William B, Eerdmans Publishing Company.

Martin, C. J.

1992   «Mary'Song», en *Dictionary of Jesus and the Gospels*, Eds. Joel B.
        Green, Scot McKight, I. Howard Marshall, Downers Grove-Leicester:
        InterVarsity Press. 525-526.

Martin, David

1999   «The Evangelical Protestant Upsurge and Its Political Implication»,
        en *The Desecularization of the World: Resurgent Religion and World
        Politics*, Ed. Peter Berger, Washington-Grand Rapids: Ethics and
        Public Policy Center-William B. Eerdmands. 37-49.

Meeks, Wayne

2012   *Los primeros cristianos urbanos. El mundo social del apóstol Pablo*,
        Salamanca: Ediciones Sígueme.

Mesters, Carlos

1993   *Pablo apóstol. Un trabajador que anuncia el evangelio*, México:
        Ediciones DABAR.

Mittelstadt, Martin

2010   *Reading Luke-Acts in the Pentecostal Tradition*, Cleveland (Tennessee):
        CPT Press.

Moo, Douglas

2019   «Romanos», en Nuevo *Comentario bíblico siglo XXI*, Eds. G.J. Wenham
        et. al., El Paso (Texas): Editorial Mundo Hispano. 1153-1201.

Morris, Leon

1992   *The Epistle to the Romans*, Leicester-Grand Rapids: InterVarsity Press
        and William B. Eerdmans Publishing Company.

1997   *Luke: An Introduction and Commentary*, Leicester-Grand Rapids:
        InterVarsity Press and William B. Eerdmans Publishing Company.

Motyer, J. Alec

1992   *El mensaje de Filipenses. Jesucristo, nuestro regocijo*, Grand Rapids-Misiones: Editorial Portavoz-Ediciones Hebrón.

Ortega, Javier

2021   «Biblia, liderazgo de mujeres y hermenéutica latinoamericana», en *Buenas nuevas desde América Latina. Ensayos en honor de John Stott*, Nelson Morales Ed., Lima: Ediciones Puma. 57–70.

Oxhorn, Philip

1994   «From Controlled Inclusion to Coerced Marginalization. The Struggle for Civil Society in Latin America», en *Civil Society: Theory, History, Comparison*, Ed. John Hall, Cambridge: Polity Press Blackwell Publisher Ltd. 250–277.

Paz y Esperanza

1999   *Déjame que te cuente. Testimonios desde las «nuevas» fronteras de misión*, Lima: Ediciones Paz y Esperanza.

Quesada, Norberto

2019   «Primera carta a los corintios», en *Comentario bíblico contemporáneo. Estudio de toda la Biblia desde América Latina*, C. René Padilla, Milton Acosta, Rosalee Velloso, Buenos Aires: Certeza Unida-Ediciones Kairos. 1483–1503.

Ramos, Adela

2003   «Las mujeres en el Evangelio de Lucas», en *Revista de Interpretación Bíblica Latinoamericana* N.º 44: 71–86.

Rigaux, Beda

1973   *Para una historia de Jesús: IV. El testimonio del Evangelio de Lucas*, Bilbao: Descleé de Brouwer.

Rodríguez, Raúl

2019   «Primera carta a Timoteo», en *Comentario bíblico contemporáneo. Estudio de toda la Biblia desde América Latina*, C. René Padilla, Milton Acosta, Rosalee Velloso, Buenos Aires: Certeza Unida-Ediciones Kairos. 1579–1589.

Ryan Rosalie CSJ

1985   «The women from Galilee and discipleship in Luke», *Biblical Theological Bulletin* (April 1985): 56–59.

Scholer, David

1986   «1 Timothy 2:9–15 & the place of women in the church´s ministry», en *Women, Authority & the Bible*, Ed. Alvera Mickelsen, Downers Grove: Intervarsity Press. 193–219.

1992   «Women», en *Dictionary of Jesus and the Gospels*, Eds. Joel B. Green, Scot McKight, I. Howard Marshall, Downers Grove-Leicester: InterVarsity Press. 880–887.

Sendek, Elizabeth

2019   «La mujer en el ministerio», en *Comentario bíblico contemporáneo. Estudio de toda la Biblia desde América Latina*, C. René Padilla, Milton Acosta, Rosalee Velloso, Buenos Aires: Certeza Unida-Ediciones Kairos. 328.

Shogren, Gary

2019   «Carta a los Romanos», en *Comentario bíblico contemporáneo. Estudio de toda la Biblia desde América Latina*, C. René Padilla, Milton Acosta, Rosalee Velloso, Buenos Aires: Certeza Unida-Ediciones Kairos. 1427–1482.

Smalley, S. S.

2003a   «María», en *Nuevo diccionario bíblico Certeza*, F. F. Bruce, I. H. Marsahll, A. R. Millard, J. I. Packer. D. J. Wiseman Eds., Barcelona-Buenos Aires-La Paz: Certeza Unida. 858–860.

2003b   «Magdala, Magdalena», en *Nuevo diccionario bíblico Certeza*, F. F. Bruce, I. H. Marsahll, A. R. Millard, J. I. Packer. D. J. Wiseman Eds., Barcelona-Buenos Aires-La Paz: Certeza Unida. 831.

Smith, Hoke

1971   *Filipenses. Gozo en Cristo*, El Paso: Casa Bautista de Publicaciones.

Steuernagel, Valdir

2006   *Hacer teología junto a María*, Buenos Aires: Ediciones Kairós.

Stinton, V.

2003   «Diaconisa», en *Nuevo diccionario bíblico Certeza*, F. F. Bruce, I. H. Marshall, A. R. Millard, J. I. Packer. D. J. Wiseman Eds., Barcelona-Buenos Aires-La Paz: Certeza Unida. 353.

Stott, John

2007   *El mensaje de Romanos*, Barcelona-Buenos Aires-La Paz: Ediciones Certeza Unida.

2010   *El mensaje de Hechos*, Barcelona-Buenos Aires-La Paz: Ediciones Certeza Unida.

Tamez, Elsa

2003   *Las mujeres en el movimiento de Jesús, el Cristo*, Quito: Consejo Latinoamericano de Iglesias

2004   *Luchas de poder en los orígenes del cristianismo. Un estudio de la primera carta a Timoteo*, San José (Costa Rica): Editorial Departamento Ecuménico de Investigaciones (DEI).

Theissen, Gerd

2005   *El movimiento de Jesús. Historia social de una revolución de valores*, Salamanca: Ediciones Sígueme.

Villafañe. Eldin

1996   *El Espíritu liberador. Hacia una ética social pentecostal hispanoamericana*, Buenos Aires-Grand Rapids: Nueva Creación-William B. Eerdmans Publishing Company.

Walls, A.

2003a   «Febe», en *Nuevo diccionario bíblico Certeza*, F. F. Bruce, I. H. Marshall, A. R. Millard, J. I. Packer. D. J. Wiseman Eds., Barcelona-Buenos Aires-La Paz: Certeza Unida. 499.

2003b   «Aquila y Priscila, Prisca», en *Nuevo diccionario bíblico Certeza*, F. F. Bruce, I. H. Marshall, A. R. Millard, J. I. Packer. D. J. Wiseman Eds., Barcelona-Buenos Aires-La Paz: Certeza Unida. 97.

Yoder, John

1985   *Jesús y la realidad política*, Buenos Aires-Downers Grove: Ediciones Certeza.